Mira Weiss · Sebastian Steinbach

Lebensliturgien

Sebastian Steinbach / Mira Weiss

LEBENS LITURGIEN

Heilsame Ruhepausen im Alltag

GEBETE & MEDITATIONEN

adeo

FSC www.fsc.org
MIX
Papier aus verantwortungsvollen Quellen
FSC® C014138

Max-Eyth-Str. 41 · 71088 Holzgerlingen
adeo-verlag.de

2. Auflage 2026
Bestell-Nr. 835385
ISBN 978-3-86334-385-9

Umschlaggestaltung: Mira Weiss
Umschlagfoto: Roma KaiukUA / Unsplash
Satz: Immanuel Grapentin
Druck und Verarbeitung: FINIDR
Printed in Czech Republic

Für alle, die sich nach heilsamen Unterbrechungen im Alltag sehnen.

Vorwort

Innehalten. Durchatmen. Die Sinne sammeln. Und auf Gott ausrichten. Ich, Sebastian, brauche das. Je lauter und wilder die Zeiten, desto dringender. Mein Privileg: Ich wohne inmitten eines alten Klosterortes, im Kloster Hirsau (www.amen-atmen.de). An diesem Ort haben sich Menschen jahrhundertelang mehrfach am Tag unterbrechen lassen, um sich zu sammeln und auf Gott auszurichten. Solche heilsamen Unterbrechungen verändern etwas. Lassen Vertrauen, Ruhe und Zuversicht einziehen. Da nicht jeder in einem alten Kloster wohnen kann, habe ich 2021 mit dem Podcast „Lebensliturgien" begonnen (www.lebensliturgien.de). Die Meditationen und Tagzeitengebete laden dazu ein, innezuhalten und sich mit Gott zu verbinden. Gott aufzuspüren in dieser Welt und in unserem Leben. Und uns Rhythmus und Ziel vorgeben zu lassen für unseren Tag.

Und genau dieser Gedanke sollte auch in Buchform gegossen werden, dachte ich mir. Ich, Mira, bin begeisterte Hörerin des Podcasts, und hatte schnell eine Idee im Kopf, wie man das gesprochene Wort gestalterisch umsetzen könnte. Was wäre, wenn noch mehr Sinne angesprochen werden könnten? Wie wäre es, wenn neben dem Hören auch noch die Möglichkeit bestünde, ein Buch in die Hand zu nehmen und die durch die Lebensliturgien ausgestrahlte Ruhe auch gestalterisch vor sich zu sehen?

So ist dieses Buch entstanden. Kapitel eins bis vier sind angelehnt an die ersten vier Staffeln des Podcasts und enthalten jeweils zehn bis fünfzehn Folgen. Die QR-Codes zum Eingang der einzelnen Liturgien führen zu den passenden digitalen Folgen.

Das erste Kapitel lädt ein auf eine Reise in die faszinierende Welt des Gebets. Dabei geht es nicht so sehr darum, über Gebet zu informieren, sondern einzuladen in das eigene Beten. Warum sollten wir eigentlich beten? Und warum lohnt es sich, im Reden mit Gott immer ehrlich zu sein? Solchen Fragen werden wir nachgehen.

Hinter dem Kapitel „anders leben" verbirgt sich ein ganz alltägliches Thema: der Umgang mit diesem Planeten – Gottes Schöpfung. Wir wollen uns von Gottes Geist in die Freiheit führen lassen, anders zu leben: einfacher, achtsamer, leichter. Anhand des biblischen Schöpfungsberichts finden wir Inspiration, um unser Leben heute verantwortungsvoll zu gestalten.

Anschließend geht es in Kapitel drei – „KlosterPsalmen" – einmal quer durch das Buch der Psalmen. Sie waren und sind das Herzstück aller klösterlichen Gebete. Und sie sind bis oben hin angefüllt mit Leben: mit Glaube und Zweifel, Klage und Jubel, Hilflosigkeit und Übermut. Mithilfe der Lebensliturgien tauchen wir ein in die Welt der Psalmen und beten uns – wie im Kloster – Stück für Stück durch sie hindurch.

In Kapitel vier tauchen wir ein in das Leben von Teresa von Ávila, einer der faszinierendsten Frauen der Kirchengeschichte: Mystikerin, Klostergründerin und

Schriftstellerin. Radikal, liebenswert, ungezähmt und demütig. Eine Frau, die Gott auf tiefste Weise erlebt hat und davon berührend und herausfordernd erzählt.

Jedes dieser vier Kapitel hat einen immer gleichbleibenden Beginn und Schluss, der jeweils am Anfang des Kapitels zu finden ist. Innerhalb der einzelnen Lebensliturgien hilft ein Seitenverweis, den passenden Beginn und Schluss einfach zu finden.

• • • Ein besonderes Format bietet Kapitel fünf: die Tagzeitengebete. Die Praxis der Tagzeitengebete stammt ursprünglich aus den Klöstern. Zu verschiedenen Tageszeiten unterbrechen Mönche und Nonnen ihr Denken und Tun, um zu beten. In diesem Buch findet sich eine solche heilsame Unterbrechung für den Morgen, Mittag und Abend.

Egal, ob du bereits regelmäßig die Lebensliturgien hörst oder ob du dich unabhängig vom Podcast nach einem Buch für einen entschleunigten Alltag sehnst: Unser Wunsch ist, dass dieses Buch ein Begleiter für deinen Alltag wird und dir dabei hilft, in all dem Lärm und dem Vielen auf gute Weise leben und glauben zu können. Viel Freude damit!

Mira und Sebastian

eins

Beten
(Staffel 1)

Beginn

Jeden Morgen ereignet sich im Kleinen Ostern: leuchtet der Ostermorgen in unser Leben hinein. Jeden Morgen drängt Gott aufs Neue alle Kälte und Dunkelheit zurück, wälzt den Stein vom finsteren Grab und erschafft uns neue Zukunft.

Zu Beginn meines Betens lasse ich es ruhig werden in mir.

Ich atme langsam und bewusst.
Und sammle meine Gedanken.

Herr, du bist hier. Jetzt. In diesem Moment.
Und schaust mich liebevoll an.

Das Reich der Schatten weicht zurück,
das Tageslicht nimmt seinen Lauf,
und strahlend, gleich dem Morgenstern,
weckt Christus uns vom Schlafe auf.
Du, Christus, bist der helle Tag, das Licht,
dem unser Licht entspringt,
Gott, der mit seiner Allmacht Kraft
die tote Welt zum Leben bringt.
Erlöser, der ins Licht uns führt
und aller Finsternis entreißt,
dich preisen wir im Morgenlied
mit Gott dem Vater und dem Geist.

(Hymnus aus dem 6.-7. Jh.)

Schluss

So lade ich dich nun ein,
den Tag, der vor mir liegt, zu gestalten –
in mir und mit mir.
Oh Heiliger Geist,
komm in mein Leben und erfülle mich!
Ich für mich bin nichts weiter als ein leeres,
zerbrechliches Gefäß:
Erfülle mich,
auf dass ich ein Leben aus deiner Kraft lebe.
Ein Leben voller Güte und Wahrheit,
ein Leben voller Schönheit und Liebe,
ein Leben voller Weisheit, Geduld und Stärke.
Aber vor allem:
Lass Christus in mir Gestalt gewinnen!
Hilf den Thron in meinem Herzen räumen
und mache Christus zu meinem Herrn und König,
auf dass wir eine Einheit werden:
er in mir und ich in ihm.
Heute und an allen Tagen.
Und in Ewigkeit.
Amen.

Ehre sei dir, Vater, dir, Sohn, und dir, Heiliger Geist,
wie es war im Anfang,
so auch jetzt und dann allezeit und in Ewigkeit.
Amen.

Beten – warum eigentlich?
Staffel 1 – Folge 1

Beginn (Seite 16)

Überall auf der Welt wird gebetet. Quer durch die gesamte Menschheitsgeschichte. Gebet ist eine Art natürliche Muttersprache unserer Seele. Warum beten wir?

Nun, weil wir anscheinend so gemacht sind. Weil wir auf das Gespräch mit Gott hin geschaffen sind. Wenn wir unserer Seele freien Lauf lassen, beginnt sie zu beten.

Diese Erfahrung macht auch schon der Beter von Psalm 63:

> *Gott, du bist mein Gott; dich suche ich von ganzem Herzen. Meine Seele dürstet nach dir, mein ganzer Leib sehnt sich nach dir in diesem dürren, trockenen Land, in dem es kein Wasser gibt. Ich habe dich in deinem Heiligtum gesehen und deine Macht und Herrlichkeit bestaunt. Deine Gnade bedeutet mir mehr als das Leben; dich preise ich von ganzem Herzen! Ich will dich ehren, solange ich lebe, und meine Hände im Gebet zu dir erheben. Wie mit köstlichen Speisen, so machst du mich glücklich, dich will ich loben und preisen.*
> (Psalm 63,2-9 LUT)

„Gott, du bist mein Gott; dich suche ich von ganzem Herzen. Meine Seele dürstet nach dir", so betet der Psalmbeter. Wonach dürstet mich heute Morgen? In der Stille versuche ich, darauf vor Gott eine Antwort zu finden.

Gott, du bist mein Gott; dich suche ich von ganzem Herzen. Meine Seele dürstet nach dir, mein ganzer Leib sehnt sich nach dir in diesem dürren, trockenen Land, in dem es kein Wasser gibt. Ich habe dich in deinem Heiligtum gesehen und deine Macht und Herrlichkeit bestaunt. Deine Gnade bedeutet mir mehr als das Leben; dich preise ich von ganzem Herzen! Ich will dich ehren, solange ich lebe, und meine Hände im Gebet zu dir erheben. Wie mit köstlichen Speisen, so machst du mich glücklich, dich will ich loben und preisen.
(Psalm 63,2-9 LUT)

Schluss *(Seite 17)*

Einen heiligen Ort finden

Staffel 1 – Folge 2

Beginn *(Seite 16)*

„Einen heiligen Ort finden" – es gibt Orte, die fühlen sich irgendwie heiliger an als andere. Es gibt solche Orte, an denen der Himmel ein wenig offener zu sein scheint als an anderen Orten. Orte, an denen es uns leichtfällt zu beten. Der Psalmbeter von Psalm 84 schwärmt von genau einem solchen Ort:

> *Wie herrlich sind deine Wohnungen, allmächtiger HERR. Ich sehne mich, ja ich vergehe vor Sehnsucht, die Vorhöfe des HERRN zu betreten, wo ich den lebendigen Gott mit frohem Herzen anbeten will. [...] Wie glücklich sind die, die in deinem Hause wohnen dürfen, sie werden dich jederzeit loben. [...] HERR, ein einziger Tag in deinen Vorhöfen ist besser als sonst tausend! Lieber möchte ich Torhüter im Haus meines Gottes sein, als in den Häusern der Bösen zu wohnen. Denn Gott, der HERR, ist für uns Sonne und Schutz. Er schenkt uns Gnade und Ehre.* (aus Psalm 84)

Kenne ich solche Orte? Orte, an denen ich mich Gott näher fühle als woanders?

Es gibt Orte, die so heilig, so besonders sind, dass sie uns beinahe automatisch in die Begegnung mit Gott und ins Gebet hineinlocken. Normalerweise aber leben wir nicht an solchen Orten. Unser Alltag spielt sich woanders ab. Wie gut, dass es deshalb auch umgekehrt funktionieren kann: dass unser Gebet einen Ort überhaupt erst heilig macht.

Als Jesus seinen Jüngern etwas über Gebet beibringen will, ist beinahe sein erster Ratschlag: „Wenn du betest, geh an einen Ort, wo du allein bist, schließ die Tür hinter dir und bete in der Stille zu deinem Vater" (Matthäus 6,6). „Geh in dein Zimmer", sagt Jesus. „Such dir einen alltäglichen Ort und mach ihn für dich zu einem heiligen Ort." Einen Ort, den du täglich für dein Gebet aufsuchst: einen Sessel oder eine Ecke in einem Zimmer oder irgendwo in der Nähe unter einem großen Baum …

Habe ich einen solchen Ort? Falls nicht: Wo könnte dieser Ort sein?

> *Wie herrlich sind deine Wohnungen, allmächtiger HERR. Ich sehne mich, ja ich vergehe vor Sehnsucht, die Vorhöfe des HERRN zu betreten, wo ich den lebendigen Gott mit frohem Herzen anbeten will. […] Wie glücklich sind die, die in deinem Hause wohnen dürfen, sie werden dich jederzeit loben. […] HERR, ein einziger Tag in deinen Vorhöfen ist besser als sonst tausend! Lieber möchte ich Torhüter im Haus meines Gottes sein, als in den Häusern der Bösen zu wohnen. Denn Gott, der HERR, ist für uns Sonne und Schutz. Er schenkt uns Gnade und Ehre.*
> (aus Psalm 84)

Es macht einen Unterschied für unser Beten, wenn wir einen bestimmten Ort im Alltag haben, den wir zum Beten aufsuchen. Ein solcher Ort erleichtert uns das Beten. Wer mag, kann diesen Ort deshalb noch irgendwie liebevoll gestalten. Eine Kerze, ein Bild, eine schöne Bibel, frische Blumen … Und auf einmal ist er da, unser ganz persönlicher heiliger Ort, an dem wir Gott im Gebet begegnen.

Schluss *(Seite 17)*

Von der Heiligkeit der Zeit

Staffel 1 – Folge 3

Beginn (Seite 16)

Für jeden und jede von uns gilt: Unsere Zeit ist begrenzt. Niemand von uns hat sie unbegrenzt zur Verfügung. Und deshalb ist unsere Zeit so kostbar.

Wenn wir im Glauben und im Gebet wachsen wollen, dann spielt unsere kostbare, begrenzte Zeit eine wesentliche Rolle. Denn Gebet braucht Zeit.

Aufmerksamkeit für Gott braucht Zeit. Nur, dass ständig neue Aufgaben und Ablenkungen auf uns einstürmen und dazu führen, dass wir dauerbeschäftigt sind, dass die Zeit nie reicht. Unsere Zeit ist fast immer umkämpft.

Von einer ähnlichen Erfahrung können wir im Lukasevangelium lesen:

> *Auf ihrem Weg nach Jerusalem kamen Jesus und die Jünger auch in ein Dorf, in dem eine Frau mit Namen Marta sie in ihr Haus einlud. Ihre Schwester Maria saß Jesus zu Füßen und hörte ihm aufmerksam zu. Marta dagegen mühte sich mit der Bewirtung der Gäste. Sie kam zu Jesus und sagte: „Herr, ist es nicht ungerecht, dass meine Schwester hier sitzt, während ich die ganze Arbeit tue? Sag ihr, sie soll kommen und mir helfen." Doch der Herr sagte zu ihr: „Meine liebe Marta, du sorgst dich um so viele Kleinigkeiten! Im Grunde ist doch nur eines wirklich wichtig. Maria hat erkannt, was das ist – und ich werde es ihr nicht nehmen."*
> (Lukas 10,38-42)

Beinahe alle von uns ringen mit übervollen Tagen. Es gibt so vieles, was wir tun müssen oder tun sollten oder tun wollen. Unsere To-do-Listen sind voll, unsere Schreibtische ebenfalls, dazu die Wohnung, die aufgeräumt gehört, die Oma, mit der wir dringend mal wieder telefonieren sollten. Ehepartner, Kinder, Eltern, Freunde, Nachbarn, Menschen in Not – alle wollen unsere Zeit. Und dann gibt es da ja auch noch die sozialen Medien und Netflix und das Checken von Nachrichten und Urlaubsplanungen und das eigene Hobby und so weiter.

Wie sehen meine Tage gerade so aus? Was stürmt zurzeit besonders auf mich ein? Womit verbringe ich den Großteil meiner Zeit?

Auf ihrem Weg nach Jerusalem kamen Jesus und die Jünger auch in ein Dorf, in dem eine Frau mit Namen Marta sie in ihr Haus einlud. Ihre Schwester Maria saß Jesus zu Füßen und hörte ihm aufmerksam zu. Marta dagegen mühte sich mit der Bewirtung der Gäste. Sie kam zu Jesus und sagte: „Herr, ist es nicht ungerecht, dass meine Schwester hier sitzt, während ich die ganze Arbeit tue? Sag ihr, sie soll kommen und mir helfen." Doch der Herr sagte zu ihr: „Meine liebe Marta, du sorgst dich um so viele Kleinigkeiten! Im Grunde ist doch nur eines wirklich wichtig. Maria hat erkannt, was das ist – und ich werde es ihr nicht nehmen." (Lukas 10,38-42)

Franz von Sales, katholischer Ordensgründer und Mystiker, schreibt:

> *Nimm dir jeden Tag eine halbe Stunde Zeit zum Gebet. Außer wenn du viel zu tun hast, dann nimm dir eine ganze Stunde.*[1]

Genau das – das tägliche Beten, die halbe Stunde oder Stunde – gelingt nur, wenn wir feste Zeiten haben, zu denen wir beten. Zeiten, wo wir nicht jedes Mal lange vorher überlegen: „Bete ich jetzt oder lasse ich es sein?" „Habe ich gerade die Zeit oder habe ich sie nicht?" „Hab ich gerade Lust oder nicht?" Nein! Wir brauchen Zeiten, die wir uns freikämpfen und freihalten von Ablenkungen und Aufgaben. Wir brauchen heilige Zeiten, in denen wir das tun, was wirklich notwendig ist: in denen wir uns Jesus zu Füßen setzen. Ihm zuhören und mit ihm reden. In denen wir Jesus mit hineinnehmen in unser Leben und uns von Jesus mit hineinnehmen lassen in sein Leben, in seine Perspektive.

Und was die knappe Zeit angeht: Ich habe schon mit vielen Christen gesprochen und interessanterweise habe ich oft gehört: „Mir fehlt die Zeit zum Beten. Ich bete zu wenig. Das andere ist einfach zu viel." Und ich habe noch nie gehört: „Ich bete immer zu viel. Mir fehlt einfach die Zeit für alles andere, das wichtig ist." Es scheint also so zu sein, dass wenn wir uns Zeit zum Gebet nehmen („heilige Zeit"), dass sich dann auch das andere irgendwie zurechtrüttelt. Dass Gott die restliche Zeit reichen lässt für das, was wirklich nötig ist.

Habe ich solch heilige, feste Zeiten? Und wenn nein: Welche Zeit am Tag will ich mir dafür freikämpfen und freihalten?

Schluss *(Seite 17)*

Der liebende Vater
Staffel 1 – Folge 4

Beginn (Seite 16)

Die bloße Tatsache, dass wir einen Termin haben, sagt erst einmal noch ziemlich wenig aus. Wir könnten einen Zahnarzttermin haben. Oder einen Termin mit unserem Steuerberater. Oder ein Treffen mit einem Menschen, den wir lieben (was natürlich in Ausnahmefällen auch ein Zahnarzt oder eine Steuerberaterin sein kann). Alles hängt davon ab, mit wem wir uns da treffen. Je nachdem, mit wem wir einen Termin haben, freuen wir uns vor oder fürchten uns vor oder langweilen uns vor.

Das Gleiche gilt für das Gebet. Es ist von entscheidender Bedeutung, zu wem wir beten. Wen wir da beim Gebet treffen. Je nachdem werden wir gerne beten oder eher widerwillig oder gar nicht.

In den Briefen von Paulus können wir einiges über das Gebet lernen – und darüber, an wen wir es richten:

> *Und ich bete, dass Christus durch den Glauben immer mehr in euren Herzen wohnt und ihr in der Liebe Gottes fest verwurzelt und gegründet seid. So könnt ihr mit allen Gläubigen ihr ganzes Ausmaß erfassen, die Breite, Länge, Höhe und Tiefe. Und ihr könnt auch die Liebe erkennen, die Christus zu uns hat; eine Liebe, die größer ist, als ihr je begreifen werdet. Dadurch wird euch der Reichtum Gottes immer mehr erfüllen.*
> (Epheser 3,17-19)

> *Also gibt es jetzt für die, die zu Christus Jesus gehören, keine Verurteilung mehr. […] Denn alle, die vom Geist Gottes bestimmt werden, sind Kinder Gottes. Deshalb verhaltet euch nicht wie ängstliche Sklaven. Wir sind doch Kinder Gottes geworden und dürfen ihn „Abba, Vater" rufen.* (Römer 8,1.14-15)

Jesus beginnt sein großes Modellgebet mit den Worten: „Vater unser im Himmel …" Jesus will also, dass wir uns zu Beginn von jedem einzelnen Gebet neu klar werden, zu wem wir da eigentlich beten.

Und zu wem beten wir? Wir beten zu Gott, dem Vater. Zu dem, der uns aus dem Nichts ins Leben geliebt hat. Zu dem, der uns Tag und Nacht mit offenen Armen und einem Leuchten im Gesicht erwartet. Zu dem, der in Jesus Mensch geworden ist: der liebevollste Mensch, der je über diese Erde gegangen ist. Wir beten zu Gott, unserem liebenden Vater, der zu jeder Zeit ein tiefes, lebendiges Interesse an dem hat, was wir denken und fühlen und sind (selbst wenn das manchmal nicht besonders spannend oder auch nicht besonders vorzeigbar ist).

In der Stille sage ich Gott, was ich für ein inneres Bild von ihm habe.

~

Beim erneuten Lesen der Worte aus dem Epheser- und aus dem Römerbrief achte ich darauf, welche Worte mir besonders hängen bleiben, welche Worte mich besonders berühren:

> *Und ich bete, dass Christus durch den Glauben immer mehr in euren Herzen wohnt und ihr in der Liebe Gottes fest verwurzelt und gegründet seid. So könnt ihr mit allen Gläubigen ihr ganzes Ausmaß erfassen, die Breite, Länge, Höhe und Tiefe. Und ihr könnt auch die Liebe erkennen, die Christus zu uns hat; eine Liebe, die größer ist, als ihr je begreifen werdet. Dadurch wird euch der Reichtum Gottes immer mehr erfüllen.*
> (Epheser 3,17-19)

Also gibt es jetzt für die, die zu Christus Jesus gehören, keine Verurteilung mehr. [...] Denn alle, die vom Geist Gottes bestimmt werden, sind Kinder Gottes. Deshalb verhaltet euch nicht wie ängstliche Sklaven. Wir sind doch Kinder Gottes geworden und dürfen ihn „Abba, Vater" rufen.
(Römer 8, 1.14-15)

Was würde sich ändern, wenn ich von nun an vor jedem Gebet diese Worte auf mich wirken lassen würde?

Schluss *(Seite 17)*

Einfach und ehrlich beten

Staffel 1 – Folge 5

Beginn *(Seite 16)*

Gebet ist Herzenskommunikation: Unser Herz und Gottes Herz berühren einander und kommen miteinander ins Gespräch.

Wir lesen dazu Worte Jesu, einmal aus dem Matthäusevangelium. Und einmal aus dem Lukasevangelium:

> *Plappert nicht vor euch hin, wenn ihr betet, wie es die Menschen tun, die Gott nicht kennen. Sie glauben, dass ihre Gebete erhört werden, wenn sie die Worte nur oft genug wiederholen. Seid nicht wie sie, denn euer Vater weiß genau, was ihr braucht, noch bevor ihr ihn darum bittet!*
> (Matthäus 6,7-8)

> *Dann erzählte Jesus folgendes Gleichnis: „Zwei Männer gingen in den Tempel, um zu beten. Der eine war ein Pharisäer, der andere ein Steuereintreiber. Der stolze Pharisäer stand da und betete: ‚Ich danke dir, Gott, dass ich kein Sünder bin wie die anderen Menschen, wie die Räuber und die Ungerechten, die Ehebrecher oder besonders wie dieser Steuereintreiber da! Denn ich betrüge niemanden, ich begehe keinen Ehebruch, ich faste zwei Mal in der Woche und gebe dir regelmäßig den zehnten Teil von meinem Einkommen.' Der Steuereintreiber dagegen blieb in einigem Abstand stehen und wagte nicht einmal den Blick zu heben, während er betete: ‚O Gott, sei mir gnädig, denn ich bin ein Sünder.'"*
> (Lukas 18,10-13)

Wenn ich bete: Welche Haltung habe ich typischerweise vor Gott? Welche Worte wähle ich oft? Wie einfach und ehrlich bete ich? In der Stille komme ich mit Gott darüber ins Gespräch.
Ich bin der festen Überzeugung: Nur wenn wir ehrlich beten, begegnen wir Gott wirklich. Denn ansonsten mag vielleicht Gott da sein, aber wir sind es nicht. Wenn wir uns verstellen, schicken wir irgendein maskiertes Pseudo-Ich in Richtung Gott und nicht uns selbst. Dann verstecken wir uns und unser Herz vor Gott hinter leeren Formeln. Aber die Idee hinter Gebet ist doch eine Herz-zu-Herz-Begegnung mit Gott: mal voller Freude. Mal voller Dank. Mal voller Unlust und Überdruss. Mal voller Zweifel. Und mal voller Schmerz.

In der Stille bringe ich Gott, was wirklich auf meinem Herzen ist. Ich sage ihm, was ich empfinde und denke und was ich von ihm erbitte.

> *Plappert nicht vor euch hin, wenn ihr betet, wie es die Menschen tun, die Gott nicht kennen. Sie glauben, dass ihre Gebete erhört werden, wenn sie die Worte nur oft genug wiederholen. Seid nicht wie sie, denn euer Vater weiß genau, was ihr braucht, noch bevor ihr ihn darum bittet!*
> (Matthäus 6,7-8)

Dann erzählte Jesus folgendes Gleichnis: „Zwei Männer gingen in den Tempel, um zu beten. Der eine war ein Pharisäer, der andere ein Steuereintreiber. Der stolze Pharisäer stand da und betete: ‚Ich danke dir, Gott, dass ich kein Sünder bin wie die anderen Menschen, wie die Räuber und die Ungerechten, die Ehebrecher oder besonders wie dieser Steuereintreiber da! Denn ich betrüge niemanden, ich begehe keinen Ehebruch, ich faste zwei Mal in der Woche und gebe dir regelmäßig den zehnten Teil von meinem Einkommen.' Der Steuereintreiber dagegen blieb in einigem Abstand stehen und wagte nicht einmal den Blick zu heben, während er betete: ‚O Gott, sei mir gnädig, denn ich bin ein Sünder.'"
(Lukas 18,10-13)

Schluss *(Seite 17)*

Die richtige Mischung aus Disziplin und Genuss

Staffel 1 – Folge 6

Beginn (Seite 16)

Gebet ist Arbeit. Zumindest auch. Natürlich ist Gebet noch viel mehr. Aber es ist eben auch Arbeit. Und Arbeit braucht Disziplin und Ausdauer und einen langen Atem. Arbeit lebt von vielen kleinen Schritten. Und manchmal packt uns abends das Gefühl, dass wir eigentlich nichts wirklich zustande gebracht haben an unserem Arbeitstag. Dass unsere Arbeit sinnlos und vergebens war. Wir haben dann zwei Möglichkeiten: Entweder wir schmeißen alles hin oder wir stehen am nächsten Morgen auf und gehen wieder an die Arbeit.

Ähnlich ist es mit dem Gebet. Ein Gleichnis dazu können wir im Lukasevangelium lesen:

> *Eines Tages zeigte Jesus seinen Jüngern durch ein Gleichnis, wie wichtig es ist, beständig zu beten und nicht aufzugeben. „In einer Stadt lebte ein Richter", sagte er. „Es war ein harter, gottloser Mann, der den Menschen mit Verachtung begegnete. Eine Witwe aus der Stadt sprach immer wieder bei ihm vor und forderte ihr Recht gegenüber jemandem, der ihr unrecht getan hatte. Der Richter ging eine Weile über ihre Klagen hinweg, doch irgendwann wurde er ihrer müde. ‚Ich fürchte weder Gott noch Menschen', dachte er, ‚aber diese Frau raubt mir den Verstand. Ich will zusehen, dass sie ihr Recht bekommt, damit sie mich mit ihren ständigen Anträgen verschont.'"*
> (Lukas 18,1-5)

Frank Laubach, Missionar und Mystiker, vergleicht unser Beten mit harter Arbeit. Er sagt: Beten ist wie Kies in einen Sumpf füllen. Schaufelwurf um Schaufelwurf verschwindet scheinbar spurlos in dem Sumpf. Aber irgendwann, wenn wir nicht aufhören, erscheint fester Grund.[2]

Mit Blick auf welche Menschen oder Situationen empfinde ich Gebet momentan als mühsame Arbeit? Wo brauche ich Disziplin und Ausdauer, um nicht einfach aufzugeben?

Disziplin und Ausdauer sind gut. Aber ohne Freude und ohne Genuss werden wir die Disziplin auf Dauer nicht durchhalten. Gebet muss mehr sein als Arbeit. Gebet muss mehr sein als einfach nur ein weiterer anstrengender Punkt auf unserer To-do-Liste. Genau davon erzählen viele Psalmen. Sie erzählen, welches Glück und welche Gottesnähe im Gebet zu finden sind, wie auch in Psalm 36:

> *HERR, deine Gnade ist so weit wie der Himmel und deine Treue reicht so weit, wie die Wolken ziehen. […] Wie kostbar ist deine Gnade, Gott! Bei dir finden Menschen Schutz im Schatten deiner Flügel. Du beschenkst sie aus deinem Überfluss. Du überschüttest sie mit Freude. Denn du bist die Quelle des Lebens und das Licht, durch das wir leben.*
> (Psalm 36,6.8-10)

Habe ich im Gebet schon einmal solche Erfahrungen von Gottesnähe, Güte und Glück gemacht? In der Stille bitte ich Gott, dass er mich und mein Beten mit Gottesnähe, Güte und Glück beschenkt.

Schluss *(Seite 17)*

Stille zu Beginn
Staffel 1 – Folge 7

Beginn (Seite 16)

Die menschliche Seele ist wild und scheu. Wie ein Reh verbirgt sie sich leise vor dem Lärm des Lebens. Erst wenn wir still werden und stillhalten, zeigt sie sich uns und lässt uns spüren, was sie bewegt.[3] Unsere Seele braucht also Stille.

Auch Gott, der unsere Seele geschaffen hat, besitzt eine erstaunliche Vorliebe für das Leise, wie eine besondere Gottesbegegnung aus dem Buch 1. Könige zeigt:

> *Da sprach der HERR zu Elia: „Geh hinaus und stell dich auf den Berg vor den HERRN, denn der HERR wird vorübergehen." Zuerst kam ein heftiger Sturm, der die Berge teilte und die Felsen zerschlug, vor dem HERRN her. Doch der HERR war nicht im Sturm. Nach dem Sturm bebte die Erde, doch der HERR war nicht im Erdbeben. Und nach dem Erdbeben kam ein Feuer, doch der HERR war nicht im Feuer. Und nach dem Feuer ertönte ein leises Säuseln. Als Elia es hörte, zog er seinen Mantel vors Gesicht, ging nach draußen und stellte sich in den Eingang der Höhle.*
> (1. Könige 19,11-13)

Wie habe ich Gott bisher erfahren: eher leise oder eher laut? Bei welchen Gelegenheiten und wie hat Gott sich bisher bemerkbar gemacht in meinem Leben?

Was ist das Geheimnis der Stille? Vielleicht, dass wir erst in der Stille erkennen, dass Gott Gott ist und nicht wir selbst. Einen Großteil unseres Tages konkurrieren wir mit Gott. Wir entscheiden und handeln und reden und planen nach dem, was uns so in Kopf und Herz herumfährt und wie wir uns die Welt vorstellen. Es ist unsere Sicht, die zählt, unser Wille, unsere Wahrnehmung. Sogar beten können wir in diesem Modus: Wir versuchen dann mithilfe von Gebet, Gott für unsere Ziele einzuspannen und ihn dazu zu bringen, dass unser Reich kommt und unser Wille geschieht.

Wenn wir still werden, unterbrechen wir uns in unserem Gott-Spielen. Wir räumen den Thron in unserem Herzen und laden Gott ein, Platz zu nehmen.

In welchem Bereich meines Lebens habe ich in letzter Zeit allzu sehr Gott gespielt? Ich lege in Gedanken mein Zepter und meine Krone nieder und lade Gott ein, sich der Sache anzunehmen. Ich bete, dass sein Reich kommt und sein Wille geschieht.

> *Da sprach der HERR zu Elia: „Geh hinaus und stell dich auf den Berg vor den HERRN, denn der HERR wird vorübergehen." Zuerst kam ein heftiger Sturm, der die Berge teilte und die Felsen zerschlug, vor dem HERRN her. Doch der HERR war nicht im Sturm. Nach dem Sturm bebte die Erde, doch der HERR war nicht im Erdbeben. Und nach dem Erdbeben kam ein Feuer, doch der HERR war nicht im Feuer. Und nach dem Feuer ertönte ein leises Säuseln. Als Elia es hörte, zog er seinen Mantel vors Gesicht, ging nach draußen und stellte sich in den Eingang der Höhle.*
>
> (1. Könige 19,11-13)

Schluss *(Seite 17)*

Lob und Anbetung

Staffel 1 – Folge 8

Beginn (Seite 16)

Anbetung und Gotteslob sind etwas Wunderschönes! Das zeigen auch die Worte aus Psalm 103:

Lobe den HERRN, meine Seele,
und alles, was mich ausmacht, seinen heiligen Namen.
Lobe den HERRN, meine Seele,
und vergiss all das Gute nicht, das er für dich tut.
Er vergibt dir alle deine Sünden
und heilt alle deine Krankheiten.
Er kauft dich vom Tode frei
und umgibt dich mit Liebe und Güte.
Er macht dein Leben reich und erneuert täglich deine Kraft,
dass du wieder jung wie ein Adler wirst. […]
Lobt den HERRN, ihr Engelscharen,
die ihr ihm dient und seinen Willen tut!
Lobt den HERRN, ihr Geschöpfe,
an jedem Ort seines Reichs.
Lobe den HERRN, meine Seele!
(aus Psalm 103)

Anbetung und Gotteslob sind etwas Wunderschönes! Aber nicht alle tun sich leicht damit. Davon weiß auch C. S. Lewis zu berichten:

> *Als ich anfing, mich dem Glauben an Gott anzunähern, […] machte mir die von allen frommen Leuten immer wieder lautstark vorgetragene Aufforderung zu schaffen, wir sollten Gott ‚loben'; und noch mehr der Gedanke, dass Gott selbst das verlangte. Für jemanden, der ständig hören will, wie tugendhaft, intelligent und sympathisch er doch ist, haben wir alle nicht viel übrig. […] Dankbarkeit gegen Gott, Ehrfurcht vor ihm,*

> *Gehorsam ihm gegenüber, das alles glaubte ich verstehen zu können. Aber nicht diese ständigen Lobhudeleien.*[4]

Wie ist das bei mir? Bete ich Gott an? Wie oft? Zu welchen Anlässen? Mit welchen inneren Gefühlen? In der Stille sage ich Gott, wie es mir mit dem Gotteslob und der Anbetung geht.

C. S. Lewis fährt fort:

> *Aber ich glaube, ich verstehe [es] inzwischen. Am einfachsten ist es vielleicht, bei unbelebten Gegenständen anzufangen [...]. Was meinen wir eigentlich, wenn wir sagen, ein Bild sei bewundernswert? Nun, das Bild verdient oder verlangt Bewunderung in dem Sinne, dass Bewunderung die richtige, angemessene oder passende Reaktion ist. [...] Wenn wir es nicht bewundern, sind wir selbst [...] unempfänglich und lassen uns viel entgehen. In diesem Sinne kann man von vielen Gegenständen in der Natur und in der Kunst sagen, dass sie Bewunderung verdienen [...]. Gott verlangt Lobpreis [...] insofern, als er der herrlichste und beglückendste Gegenstand ist. Doch das Offensichtlichste am Loben entging mir lange. [...] Mir fiel nie auf, dass jede Freude an irgendetwas ganz von selbst in Lobpreis überfließt. [...]Die Welt ist voll von Lobpreis: Liebende preisen ihre Geliebten, Leser ihre Lieblingsdichter, Wanderer die Landschaft. [...] Ich glaube, wir loben deshalb gerne, was uns Freude macht, weil der Lobpreis Freude nicht nur ausdrückt, sondern sie vervollständigt.*[5]

Freude an Gott. Kenne ich das? In der Stille sage ich Gott, was mich an ihm freut, und lobe ihn dafür.

Lobe den HERRN, meine Seele,
und alles, was mich ausmacht, seinen heiligen Namen.
Lobe den HERRN, meine Seele,
und vergiss all das Gute nicht, das er für dich tut.
Er vergibt dir alle deine Sünden
und heilt alle deine Krankheiten.
Er kauft dich vom Tode frei
und umgibt dich mit Liebe und Güte.
Er macht dein Leben reich und erneuert täglich deine Kraft,
dass du wieder jung wie ein Adler wirst. […]
Lobt den HERRN, ihr Engelscharen,
die ihr ihm dient und seinen Willen tut!
Lobt den HERRN, ihr Geschöpfe,
an jedem Ort seines Reichs.
Lobe den HERRN, meine Seele!
(aus Psalm 103)

Schluss *(Seite 17)*

Lob und Anbetung – echt jetzt?

Staffel 1 – Folge 9

Beginn (Seite 16)

Es gibt Zeiten, da fällt es uns leicht, Gott zu loben. Dankbarkeit ist ein gutes Sprungbrett dafür. Wenn es uns gut geht und unser Herz voller Dankbarkeit ist, dann fließt das Gotteslob relativ leicht.

Aber was, wenn wir Schweres durchleiden? Oder gerade mit der Zeitung fertig sind und unser Herz schwer ist von all der Not, die uns daraus entgegengesprungen ist. Wo ist Gott da? Warum lässt Gott das zu? Können und sollen wir Gott wirklich auch angesichts all dessen loben?

In der Stille komme ich vor Gott und sage ihm, wie es in mir gerade aussieht: ob mir eher zum Loben oder zum Klagen zumute ist.

Der Beter von Psalm 22 bekommt das Klagen und das Loben auf beinahe unerklärliche Weise zusammen:

> *Mein Gott, mein Gott! Warum hast du mich verlassen? Warum bist du so fern und hörst meine Hilferufe nicht? Jeden Tag rufe ich zu dir, mein Gott, doch du antwortest nicht. Jede Nacht schreie ich zu dir, doch ich finde keine Ruhe. Und doch bist du heilig. Israel lobt dich mit seinen Liedern. […] Seit meiner Geburt bist du mein einziger Halt und mein Gott seit Beginn meines Lebens. Entferne dich jetzt nicht von mir, denn die Not ist nah und keiner ist da, der mir hilft. […] Meinen Brüdern will ich deinen Namen verkünden und dich vor der ganzen Gemeinde ehren. Lobt den HERRN, alle, die ihn fürchten! […] Denn er hat die Augen nicht vor dem Leid des Bedürftigen verschlossen. Er hat sich nicht abgewandt, sondern hat seine Hilferufe gehört.*

> *[...] Die ganze Erde wird den HERRN anerkennen und zu ihm zurückkehren. Die Menschen aller Völker werden sich vor ihm verneigen.*
> (aus Psalm 22)

Das wirkt sogar ein bisschen schräg. Wie kommt der Beter dieses Psalms dazu, so abrupt von der Klage ins Loben zu wechseln? Und muss das wirklich sein? Kann Klage nicht einfach mal Klage sein? Müssen wir unsere Klage – wenn wir besonders fromm sein wollen – immer noch mit dem Mantel des Gotteslobs versehen?

Nein. Müssen wir nicht. Ganz sicher nicht. Für alles gibt es eine Zeit. Und manchmal ist einfach nur Zeit zur Klage. Wir müssen Klage und Lob also nicht kombinieren. Aber Psalm 22 zeigt, dass es zumindest möglich sein kann. Dass es eine hilfreiche Übung ist, trotz Klage und Not entweder mit Gotteslob zu starten oder zu enden. Denn entweder ist Gott immer gut und hoch zu loben, oder er ist es nie. Denn entweder ist Gott immer voller Liebe, voller Treue und voll von unbegrenzten Möglichkeiten – oder er ist es nie. Gewiss: Manchmal merken und sehen wir unfassbar wenig davon. Aber wir sehen auch die Sonne nicht, wenn es blitzt und donnert und stürmt – und trotzdem ist sie da.

In der Stille versuche ich mich daran, Gott zu loben – auch wenn mir möglichweise überhaupt gar nicht danach ist.

Mein Gott, mein Gott! Warum hast du mich verlassen? Warum bist du so fern und hörst meine Hilferufe nicht? Jeden Tag rufe ich zu dir, mein Gott, doch du antwortest nicht. Jede Nacht schreie ich zu dir, doch ich finde keine Ruhe. Und doch bist du heilig. Israel lobt dich mit seinen Liedern. [...] Seit meiner Geburt bist du mein einziger Halt und mein Gott seit Beginn meines Lebens. Entferne dich jetzt nicht von mir, denn die Not ist nah und keiner ist da, der mir hilft. [...] Meinen Brüdern will ich deinen Namen verkünden und dich vor der ganzen Gemeinde ehren. Lobt den HERRN, alle, die ihn fürchten! [...] Denn er hat die Augen nicht vor dem Leid des Bedürftigen verschlossen. Er hat sich nicht abgewandt, sondern hat seine Hilferufe gehört. [...] Die ganze Erde wird den HERRN anerkennen und zu ihm zurückkehren. Die Menschen aller Völker werden sich vor ihm verneigen.
(aus Psalm 22)

Schluss *(Seite 17)*

Freies Beten oder beten mit Liturgie?

Staffel 1 – Folge 10

Beginn (Seite 16)

Frei beten oder beten mithilfe von bereits vorformulierten Worten: Was ist besser? Ich gebe zu, dass diese Frage hier – innerhalb der Lebensliturgien – ein bisschen künstlich wirkt. Denn hier tun wir beides: wir beten einerseits anhand von vorformulierten Worten – UND haben immer wieder Freiraum, unsere eigenen Gedanken und Worte vor Gott zu bringen.

Auch in der Bibel finden wir beides. Wie beispielsweise die Worte aus Psalm 34, spontane Worte, so wie sie aus David herausgebrochen sind, als er einem verfeindeten König entkommen konnte. Oder aber wie die bekannten Worte aus dem Vaterunser, dem großen Modellgebet Jesu.

> *Ein Psalm Davids aus der Zeit, als er sich vor Abimelech wahnsinnig stellte und dieser ihn wegschickte. Ich will den HERRN allezeit loben und nie aufhören, ihm zu danken. […] Kommt, lobt mit mir die Größe des HERRN, lasst uns gemeinsam seinen Namen ehren! Ich betete zum HERRN, und er antwortete mir und befreite mich von allen meinen Ängsten. Die von ihm Hilfe erhoffen, werden vor Freude strahlen, und sie werden nicht vor Scham erröten. Es schrie einer zum HERRN in seinem Leid, und er hörte ihn und rettete ihn aus allen seinen Ängsten. […] Schmeckt und seht, dass der HERR gut ist. Freuen darf sich, wer auf ihn vertraut!*
> (aus Psalm 34)

> *Jesus sprach: „So sollt ihr beten: ‚Unser Vater im Himmel, dein Name werde geehrt. Dein Reich komme bald. Dein Wille erfülle sich hier auf der Erde genauso wie im Himmel. Schenk uns heute unser tägliches Brot und vergib uns unsere Schuld, wie*

auch wir denen vergeben haben, die an uns schuldig geworden sind. Lass nicht zu, dass wir der Versuchung nachgeben, sondern erlöse uns von dem Bösen. Denn dir gehört das Reich und die Macht und die Herrlichkeit in Ewigkeit. Amen.'"
(Matthäus 6,9-13)

Wie ist das bei mir? Bete ich lieber frei oder lieber mithilfe von vorformulierten Worten? In der Stille komme ich mit Gott darüber ins Gespräch.

Ich bin der festen Überzeugung: Wir brauchen das freie Gebet UND das vorformulierte Gebet. Denn auf der einen Seite wäre es seltsam, wenn wir mit Gott nur in vorformulierten Worten reden würden. Was in unserem Herzen ist, soll schließlich raus. In Richtung Gott. Gott will uns so begegnen, wie wir sind. Mal roh, mal wütend, mal traurig. Mal jubelnd, mal dankbar, mal voller Zweifel.

Auf der anderen Seite gilt: Wenn wir immer nur frei beten, bilden sich in uns selbst eigene vorformulierte Worte, die wir wieder und wieder beten. Dann beginnen wir uns zu langweilen angesichts unserer eigenen Worte. Wir finden einfach nicht immer frische, spontane, authentische Herzensworte. Und manchmal wollen wir sie nicht einmal finden, weil eine große, zähe Unlust zwischen uns und Gott steht. Wenn wir dann ein Buch mit starken Gebeten zur Hand nehmen oder wir anfangen, einen Psalm zu lesen, dann erwacht in uns Gebet. Dann finden wir neu Worte und entdecken vielleicht sogar neue Tiefen im eigenen Beten.

Schluss *(Seite 17)*

Online findest du weitere Folgen aus
Staffel 1 – beten

zwei

anders leben
(Staffel 2)

Beginn

Zu Beginn meines Betens lasse ich es ruhig werden in mir.
Ich atme langsam und bewusst.
Und sammle meine Gedanken.

Herr, du bist hier. Jetzt. In diesem Moment.
Und schaust mich liebevoll an.

Lobe den HERRN, meine Seele! HERR,
mein Gott, du bist sehr groß!
In Ehre und Herrlichkeit bist du gekleidet
und Licht umgibt dich wie ein Gewand.
Du spannst den Himmel aus wie eine Zeltdecke [...].
Aus Quellen lässt du Bäche in die Täler hinabströmen,
zwischen den Bergen fließen sie dahin.
Sie bringen den Tieren Wasser und stillen den
Durst der wilden Esel.
An den Wasserläufen nisten Vögel und singen im
Geäst der Bäume.
Vom Himmel schickst du Regen in die Berge,
du schenkst der Erde reiche Frucht, die du geschaffen hast.
(aus Psalm 104 LUT)

Herr, unser Gott! Die Welt ist dein –
in all ihrer Vielfalt und mit all ihren Wundern.
Lob sei dir und Dank dafür!
Auch ich bin dein.
So bitte ich: Erfülle und leite mich mit deinem Heiligen Geist,
dass ich die Schönheit deiner Schöpfung wahrnehme
und auf eine Weise lebe,
die deine Welt bewahrt
und weltweit zum Segen wird für viele.
Amen.

Schluss

Herr, mein Gott!
Gib, dass ich heute deine Welt betrachte mit Augen,
die voller Liebe sind.
Schenke mir die Bereitschaft,
den Menschen um mich herum
und deiner Schöpfung mit Hingabe zu dienen
und alles Gute,
das du in sie hineingelegt hast,
zu entfalten und zu bewahren.
Vor allem bewirke, o Herr,
dass ich so voller Frohmut und Wohlwollen bin,
dass alle, die mir begegnen,
sowohl deine Gegenwart
als auch deine Liebe spüren.
Bekleide mich mit dem Glanz deiner Güte und deiner Schönheit,
damit ich dich im Verlaufe dieses Tages offenbare.
(nach Mirjam von Abellin)

Ehre sei dir, Vater, dir, Sohn,
und dir, Heiliger Geist,
wie es war im Anfang, so auch jetzt
und dann allezeit und in Ewigkeit.
Amen.

Jahwe und Adam
Staffel 2 – Folge 1

Beginn (Seite 58)

Anders leben. Irgendwie ist das eine seltsame Sache. Seit mehr als dreißig Jahren wissen wir als Menschheit vom Klimawandel – und exakt in diesen letzten dreißig Jahren haben wir so viel CO_2 ausgestoßen und ökologische Schäden verursacht wie in der ganzen Menschheitsgeschichte zuvor nicht. Was läuft da schief? Wissen noch immer zu wenig Menschen davon? Oder ist es das Wirtschaftssystem, das einfach zu stark ist? Oder ist mit uns Menschen irgendetwas kaputt?

Die bisherige Unaufhaltsamkeit der ökologischen Zerstörung zeigt jedenfalls, dass die Wurzeln davon tief reichen. Dave Bookless von der internationalen christlichen Umweltorganisation A Rocha beschreibt den Klimawandel als „das Symptom einer viel tiefer liegenden Krankheit". Das Problem liegt im Verhältnis von uns Menschen zu unserer Erde. Dieses wiederum hängt damit zusammen, wie wir unsere Identität verstehen.[6]

Aus diesem Grund gehen wir nun zurück zum Anfang und schauen uns die Worte der Schöpfungsgeschichte an – um herauszufinden, wer wir sind, wer Gott ist und wie und wozu Gott unsere Welt eigentlich erschaffen hat:

Es war zu der Zeit, da Gott der HERR Erde und Himmel machte. Und alle die Sträucher auf dem Felde waren noch nicht auf Erden, und all das Kraut auf dem Felde war noch nicht gewachsen. Denn Gott der HERR hatte noch nicht regnen lassen auf Erden, und kein Mensch war da, der das Land bebaute; aber ein Strom stieg aus der Erde empor und tränkte alles Land. Da machte Gott der HERR den Menschen aus Staub von der Erde und blies ihm den Odem des Lebens in seine Nase. Und so ward der Mensch ein lebendiges Wesen. (1. Mose 2,4b-7 LUT)

„Es war zu der Zeit, da Gott der HERR Erde und Himmel machte ..." Schon diese Anfangsworte haben es in sich. „Gott der HERR" ... Was hier als „HERR" wiedergegeben ist, verweist auf den Gottesnamen „Jahwe". Es scheint wichtig zu sein, dass Gott nicht einfach nur Gott ist, sondern „Jahwe-Gott". Und tatsächlich ist „Jahwe" hier Gottes Eigenname und bedeutet in etwa: „Ich bin für euch da und ich werde für euch da sein."

Die Geschichte unserer Welt startet also mit einem großen göttlichen Versprechen. Unsere Welt und wir selbst wurden erschaffen von einem, der von Anfang an verspricht: „Ich bin für euch da und ich werde für euch da sein." Ein Versprechen, das in Zeiten des Klimawandels und diverser ökologischer Krisen immer noch genauso gilt wie am ersten Tag der Schöpfung.

In der Stille sage ich Gott, wo in meinem Leben ich dieses Versprechen von ihm im Moment am dringendsten brauche.

Wir lesen ein zweites Mal die Worte aus dem 1. Buch Mose:

> *Es war zu der Zeit, da Gott der HERR Erde und Himmel machte. Und alle die Sträucher auf dem Felde waren noch nicht auf Erden, und all das Kraut auf dem Felde war noch nicht gewachsen. Denn Gott der HERR hatte noch nicht regnen lassen auf Erden, und kein Mensch war da, der das Land bebaute; aber ein Strom stieg aus der Erde empor und tränkte alles Land. Da machte Gott der HERR den Menschen aus Staub von der Erde und blies ihm den Odem des Lebens in seine Nase. Und so ward der Mensch ein lebendiges Wesen.*
> (1. Mose 2,4b-7 LUT)

„Da machte Gott der HERR den Menschen aus Staub von der Erde …" Im hebräischen Urtext lautet das Wort für Mensch „Adam" – und das Wort für Erde „Adama". Gott schafft Adam, den Menschen, also aus Adama, aus Erde. Wir Menschen (wörtlich: wir „Erdlinge") und Gottes gute Erde gehören also von Anfang an zusammen. Wir leben nicht nur auf der Erde, wir sind Erde: Unser Körper besteht aus sehr irdischen Stoffen wie Wasser, Salz, Mineralien, Kalk. Nach unserem Tod werden wir wieder zu Erde. Wir leben in einer tiefen und engen Symbiose mit unserer Erde, mit der Natur. Wenn wir also die Natur ausbeuten und verschmutzen und zerstören, zerstören wir damit früher oder später uns selbst.

In der Stille bringe ich Gott die massiven Zerstörungen und Schäden der Natur, von denen ich weiß und die mir auf der Seele lasten.

Schluss *(Seite 60)*

Erdling und Kunstwerk

Staffel 2 – Folge 2

Beginn (Seite 58)

Die von uns Menschen und unserer Art des Wirtschaftens verursachten ökologischen Schäden sind beinahe staunenswert riesig. Sie sind so riesig und greifen so tief, dass sie nicht einfach nur Folge einer Verkettung unglücklicher Umstände sein können. Es scheint in dem zu wurzeln, wie wir unser Leben und uns selbst verstehen. Wer sind wir? Sind wir Herrscher? Sind wir Konsumenten?

Die Schöpfungsgeschichte der Bibel bietet uns eine andere Identität an:

> *Es war zu der Zeit, da Gott der HERR Erde und Himmel machte. Und alle die Sträucher auf dem Felde waren noch nicht auf Erden, und all das Kraut auf dem Felde war noch nicht gewachsen. Denn Gott der HERR hatte noch nicht regnen lassen auf Erden, und kein Mensch war da, der das Land bebaute; aber ein Strom stieg aus der Erde empor und tränkte alles Land. Da machte Gott der HERR den Menschen aus Staub von der Erde und blies ihm den Odem des Lebens in seine Nase. Und so ward der Mensch ein lebendiges Wesen.*
> (1. Mose 2,4b-7 LUT)

In der letzten Lebensliturgie haben wir gesehen, dass „Adam", der Mensch, eigentlich so etwas wie „Erdling" bedeutet. Ich, ein Erdling. Ich bin mein Körper. Meine Adern. Meine Haut. Meine Organe. Meine Augen. Meine Ohren. Ich bin Teil dieser Erde, bin aus irdischen Materialien gemacht – und kehre nach meinem Leben wieder zu Erde zurück.

In einer kurzen Stille sage ich Gott, wie sich diese Identität für mich anfühlt.

Wir Menschen sind also Erdlinge – aber nicht nur. Die Worte der Schöpfungserzählung beschreiben uns zusätzlich als ein von Gott einzigartig gestaltetes Kunstwerk, als von Gott besonders beschenkt und begabt.

„Da machte Gott der HERR den Menschen aus Staub von der Erde und blies ihm den Odem des Lebens in seine Nase." Das hebräische Wort für „machen" oder, etwas präziser übersetzt, auch „formen" drückt eine ganz besondere Tätigkeit aus. Es geht hier nicht um klassisches Handwerk, sondern um Kunst. Um ein kreatives, schöpferisches Tun, durch das einzigartige, unwiederholbare Kunstwerke geschaffen werden. Wir sind also einerseits ganz gewöhnliche Lebewesen aus Erde – und zugleich einzigartig und liebevoll gestaltet. Und nicht nur das: Wir tragen einen Hauch von Gott in uns. Die Bibel erzählt, wie Gott uns Lebensatem einhaucht: ein fast zärtliches Bild. Gott kommt nah, ganz nah, und haucht uns Leben ein. Gott sieht uns an, betrachtet uns voller Liebe und teilt seinen Lebensatem mit uns.

In der Stille versuche ich mir bildlich vorzustellen, wie Gott mir nahekommt, mich liebevoll ansieht und mir Leben einhaucht.

Schluss *(Seite 60)*

Bedürftig

Staffel 2 – Folge 3

Beginn (Seite 58)

Noch immer treibt uns die Frage um, wie wir Menschen es eigentlich geschafft haben, diese unsere Natur so nachhaltig zu beschädigen und zu zerstören. Wie ist das möglich? Welche tiefen inneren Bedürfnisse lassen uns so hemmungslos konsumieren und verbrauchen?

In der biblischen Schöpfungserzählung finden wir – beinahe versteckt – eine Antwort.

> *Da machte Gott der HERR den Menschen aus Staub von der Erde und blies ihm den Odem des Lebens in seine Nase.*
> (1. Mose 2,7 LUT)

Das hebräische Wort, das hier mit „Nase" übersetzt wird, meint eigentlich eher „Schlund", „Kehle" – und lenkt den Blick darauf, dass wir zutiefst bedürftig sind. Egal ob Atem, Wasser oder Nahrung: Ohne dass beständig von außen etwas in uns hineinkommt, können wir nicht leben. Beim Atem spüren wir dies am stärksten: Wir sind zutiefst abhängig, leben Zug um Zug. Vom Atem können wir uns keinen Vorrat anlegen. Ohne dass wir beständig atmen, sterben wir. Das Gleiche gilt übrigens auch mit Blick auf die Liebe. Mit Blick auf Anerkennung und Wertschätzung. Ohne Liebe, Anerkennung und Wertschätzung sterben wir ebenfalls – zumindest innerlich.

In der Stille spüre ich meinem Atem nach und sage Gott, was ich im Moment am dringendsten brauche oder ersehne.

Dass wir im Westen so hemmungslos konsumieren, liegt also daran, dass wir bedürftige Wesen sind. Dass wir versuchen, mithilfe des Konsums tiefe innere Bedürfnisse zu stillen: das Bedürfnis nach Sicherheit. Das Bedürfnis nach Abwechslung. Das Bedürfnis nach Sinn. Nur klappt das irgendwie nicht: Das, was wir konsumieren, passt nicht zu dem, was wir brauchen.

In der Stille gehe ich in Gedanken durch, was ich in den letzten Wochen alles gekauft habe – und was davon wirklich notwendig und hilfreich war.

Schluss *(Seite 60)*

Der Garten

Staffel 2 – Folge 4

Beginn (Seite 58)

In seiner Biografie „Ein verheißenes Land" beginnt Barack Obama sein allererstes Kapitel erstaunlicherweise mit einer Schilderung des Säulengangs des Weißen Hauses und des daran angrenzenden Rosengartens. Er beschreibt, wie wunderschön dieser Garten aussieht und welche Blütenpracht ihn ziert.

Auch die biblische Schöpfungserzählung erzählt gleich zu Beginn von einem Garten:

> *Und Gott der HERR pflanzte einen Garten in Eden gegen Osten hin und setzte den Menschen hinein, den er gemacht hatte. Und Gott der HERR ließ aufwachsen aus der Erde allerlei Bäume, verlockend anzusehen und gut zu essen.*
> (1. Mose 2,8-9a LUT)

Das Wort „Garten" kommt in der sogenannten zweiten Schöpfungserzählung erstaunlich häufig vor. Nach „Jahwe-Gott" und „Adam" ist es das dritthäufigste Wort. Dass Gott dem Menschen einen Garten schafft, verrät viel – sowohl über Gott als auch über uns Menschen.

In der vorletzten Lebensliturgie haben wir uns vor Augen gemalt, mit welcher Zärtlichkeit und Kunstfertigkeit Gott uns Menschen erschaffen hat und wie er uns – beim Einhauchen seines Atems – ganz nahe war. Das liebevolle Anlegen eines Gartens zeigt, dass Gott auch nach Erschaffung des Menschen sein Interesse an ihm nicht verloren hat. Im Gegenteil: Gott bemüht sich zutiefst um ihn. Er schafft nicht nur den Menschen selbst, sondern er erschafft ihm auch Lebensraum: einen Raum zum Leben, weit und üppig und schön. Aber zugleich nicht grenzenlos, mit guten, schützenden Grenzen. Denn wir Menschen brauchen beides: Weite und Grenzen. Möglichkeiten zur Entfaltung und einen Rahmen.

In der Stille betrachte ich mein Leben: Wo erlebe ich mein Leben als einen weiten Raum, mit vielen Möglichkeiten der Entfaltung? Und wo erlebe ich Grenzen?

Dass Gott uns Menschen zu Beginn einen Garten schafft, verrät also auch etwas über uns Menschen. Nämlich: dass wir uns immer dann gesund und gut entwickeln, wenn wir beides haben: Weite und Grenzen. Möglichkeiten zur Entfaltung und einen Rahmen. Auf Abwege geraten wir Menschen – sowohl als Einzelne wie auch als Gesellschaft – immer dann, wenn wir entweder ängstlich vor der Weite des Lebens, vor den Möglichkeiten der Entfaltung zurückschrecken oder gierig über gute, natürliche Grenzen hinwegtrampeln. Die ökologischen Krisen unserer Zeit sind ein deutlicher Hinweis darauf, dass wir als Gesellschaft viele gute, natürliche Grenzen weit überschritten haben.

In der Stille komme ich mit Gott darüber ins Gespräch, welche natürlichen Grenzen ich gerne überschreite oder überschreiten würde.

Schluss *(Seite 60)*

Vielfalt und Fülle des Gartens

Staffel 2 – Folge 5

Beginn *(Seite 58)*

Die meiste Erde, die es im alten Israel gab, war steinig, karg und voller Dornen. Ackerbau und Viehzucht reichten im guten Falle gerade so zum Überleben. Welch ein Kontrast zum Garten! Ein Garten war im alten Orient ein herrlicher, großer, weitläufiger Park von Königen und Fürsten (die allein das Wasserrecht hatten). Gärten waren bewässerte, herrlich grüne und blühende Park-Oasen inmitten von Wasserknappheit und Kargheit.

Umso bemerkenswerter, dass Gott dem Menschen eigenhändig und liebevoll einen Garten anlegt.

> *Und Gott der HERR pflanzte einen Garten in Eden gegen Osten hin und setzte den Menschen hinein, den er gemacht hatte. Und Gott der HERR ließ aufwachsen aus der Erde allerlei Bäume, verlockend anzusehen und gut zu essen.*
> (1. Mose 2,8-9a LUT)

Der Gartenpark, in den Gott den Menschen setzte, war ein Ort der Freude und des Genusses, ein Ort des Staunens und des Aufatmens, ein Ort der Fülle und des Sich-Entfaltens – dazu noch voller köstlicher unterschiedlichster Bäume mit Früchten. Und noch ist keine Rede vom späteren Arbeitsauftrag Gottes: dass der Mensch den Garten Eden bebauen und bewahren soll. Noch bevor also der Auftrag zur Arbeit kommt, schenkt Gott dem Menschen Versorgung, Genuss, Freude und Fülle.

In der Stille sammle ich, wo ich mich in meinem Leben von Gott als beschenkt erlebe. Wo ich Versorgung, Genuss, Freude und Fülle erlebe.

Der Garten, den Gott hier pflanzt, ist ein Baumgarten:

> *Und Gott der HERR pflanzte einen Garten in Eden gegen Osten hin und setzte den Menschen hinein, den er gemacht hatte. Und Gott der HERR ließ aufwachsen aus der Erde allerlei Bäume, verlockend anzusehen und gut zu essen.*
> (1. Mose 2,8-9a LUT)

Die gesamte Schöpfungserzählung ist kompakt, dicht und kommt mit wenigen Worten aus. Umso erstaunlicher, dass der Baumgarten im hebräischen Urtext gleich mit drei Worten, mit drei Adjektiven näher charakterisiert wird.

- Zum einen wird beschrieben, dass es „allerlei" Bäume waren, die Gott im Garten wachsen ließ. Ihm reichen nicht ein paar wenige, vielleicht sogar ertragsoptimierte Arten, sondern Gott will und schenkt die Fülle. Nicht Monokultur, sondern Permakultur. Gott liebt die Abwechslung, den Reichtum, die Vielfalt der Arten.

- Dann wird erzählt, dass die Bäume im Garten Eden „verlockend anzusehen" waren. Im hebräischen Ursprungswort schwingen hier Worte wie „begehrenswert" und „reizvoll" mit. An der Natur, die Gott schafft, können wir uns also gar nicht sattsehen. Wenn wir in Gottes Schöpfung eintauchen, finden wir immer neu Anlass zum Staunen und werden von ihrer Schönheit berührt.

- Und schließlich wird von den Bäumen im Garten erzählt, dass von ihnen „gut zu essen" war. Gott ist zutiefst gastfreundlich. Er lädt uns ein, zu schmecken und zu sehen, wie freundlich er ist. Gott will, dass wir uns seine Fülle schmecken lassen, dass wir sie aufnehmen in uns. Dass wir sie wirken lassen auf unseren Körper, unsere Seele und unseren Geist.

In der Stille sage ich Gott, was mir die Natur bedeutet. Welche Pflanzen und welche Landschaften mich besonders ansprechen und berühren.

Schluss *(Seite 60)*

Der Garten als Heimat

Staffel 2 – Folge 6

Beginn (Seite 58)

Erneut lassen wir uns Kopf und Herz berühren von Worten der biblischen Schöpfungsgeschichte:

> *Da machte Gott der HERR den Menschen aus Staub von der Erde und blies ihm den Odem des Lebens in seine Nase. […] Und Gott der HERR pflanzte einen Garten in Eden gegen Osten hin und setzte den Menschen hinein, den er gemacht hatte.*
> (1. Mose 2,7-8 LUT)

So richtig abgeschlossen scheint die Erschaffung des Menschen erst zu sein, als Gott dem Menschen eine Heimat schenkt. Das reine Lebendigsein scheint nicht zu genügen: So richtig voll und ganz Mensch sind wir erst, wenn wir eine Heimat haben. Einen Ort, wo wir zu Hause sind. Wo wir uns verwurzeln können. Heimatlos, vertrieben, unbehaust zu sein, ist furchtbar.

In der Stille überlege ich, wo meine Heimat ist – und trete in der Fürbitte für die etwa 80 Millionen Menschen weltweit ein, die auf der Flucht sind vor Armut, Krieg und Verfolgung.

Die beste Heimat für uns ist – so erzählen es die alten Worte der Schöpfungsgeschichte – eine Art Gartenpark. Also ein Ort, wo wir in intensivem Kontakt sind mit der Natur, wo wir der Natur aber nicht schutzlos ausgeliefert sind. Wir müssen Natur gestalten, in gewisser Weise sogar zähmen, wenn wir ihrer Kraft und ihren Urgewalten nicht ausgeliefert sein wollen. Unser Problem im Westen ist allerdings, dass wir die Natur zu sehr gezähmt haben. Dass wir sie betoniert und uns untertan gemacht haben. Die meisten von uns begegnen der Natur im Alltag kaum noch. Wir haben gelernt, die Zivilisation zu betrachten, uns an technischen Errungenschaften zu freuen, in digitalen Welten unterwegs zu sein. Natur? Spielt vielleicht gerade noch in unseren Urlauben eine gewisse Rolle.

In der Stille spüre ich der Frage nach, welche Berührungen ich in meinem Leben mit der Natur habe.

Schluss *(Seite 60)*

Von Grenzen und Gefährdungen des Lebens

Staffel 2 – Folge 7

Beginn (Seite 58)

In der Lebensliturgie „Der Garten als Heimat" hatten wir es schon einmal von den Grenzen. Dass wir Menschen sowohl Freiraum brauchen als auch Grenzen. Dass es uns und Gottes restlicher Schöpfung guttut, wenn wir Grenzen respektieren. Im heutigen Abschnitt der Schöpfungsgeschichte geht es noch einmal um Grenzen:

> *Und Gott der HERR nahm den Menschen und setzte ihn in den Garten Eden, dass er ihn bebaute und bewahrte. Und Gott der HERR gebot dem Menschen und sprach: Du darfst essen von allen Bäumen im Garten, aber von dem Baum der Erkenntnis des Guten und Bösen sollst du nicht essen; denn an dem Tage, da du von ihm isst, musst du des Todes sterben.*
> (1. Mose 2,15-17 LUT)

Alles, was bisher in der sogenannten zweiten Schöpfungsgeschichte erzählt wurde, geschah ohne Worte. Gott formt, Gott haucht, Gott pflanzt, Gott lässt wachsen, Gott setzt hinein. Zu Beginn lässt Gott ausschließlich Taten sprechen – und seine Taten sprechen eine Sprache der Großzügigkeit und der Liebe. Jetzt redet Gott erstmals auch mit Worten. Und was sagt er? Welche Sprache spricht er nun mit Worten?

Wieder spricht er die Sprache der Großzügigkeit und der Liebe: „Du darfst essen von allen Bäumen im Garten."

Ich stelle mir vor, wie Gott und Mensch auf einer kleinen Anhöhe stehen, wie Gott dem Menschen freundschaftlich-liebevoll einen Arm um die Schulter legt und mit der anderen Hand eine weit ausladende Geste macht. Ihr Blick schweift über den großen, üppigen, wunderschönen Gartenpark, der sich bis zum Horizont erstreckt, es riecht nach reifen Früchten, Vögel singen in den Zweigen all der unterschiedlichen Bäume – und Gott sagt: „Schau! Von alldem hier darfst du essen! Genieß es! Freue dich daran – tagein, tagaus. Du darfst dich frei bewegen. Das hier ist für dich!"

Welches innere Bild habe ich von Gott? Wie geht es mir, wenn ich diese riesige Zusage Gottes hören? Glaube ich Gott seine Großzügigkeit und Zugewandtheit zu mir? Oder vermute ich ein verstecktes „Aber"? Woher kommt das? In der Stille komme ich mit Gott darüber ins Gespräch.

Und tatsächlich. Es gibt ein „Aber", es gibt einen Haken an der Sache.

> *Und Gott der HERR gebot dem Menschen und sprach: Du darfst essen von allen Bäumen im Garten, aber von dem Baum der Erkenntnis des Guten und Bösen sollst du nicht essen; denn an dem Tage, da du von ihm isst, musst du des Todes sterben.*
> (1. Mose 2,16-17 LUT)

Im Lauf der Kirchengeschichte wurden diese Worte oft sehr düster interpretiert. Der Baum der Erkenntnis von Gut und Schlecht als eine Art fieser Test Gottes. Das Verbot, davon zu essen, als Gehorsamsprobe: Gott will sehen, ob sich der Mensch ihm auch brav unterwirft. Kaum dass Gott den Menschen geschaffen hat, droht er ihm auch schon.

Was genau es mit diesem Baum der Erkenntnis des Guten und Schlechten auf sich hat, dazu kommen wir in der nächsten Lebensliturgie. Für den Moment reicht es, wenn wir verstehen, dass Gott hier überhaupt nicht droht. Nein. Gott warnt. Ein bisschen so, wie Eltern ihre Kinder vor der heißen Herdplatte warnen. „Iss bitte nicht vom Baum der Erkenntnis des Guten und Schlechten. Denn an dem Tag, an dem du von ihm isst, wirst du sterben." Gott erklärt dem Menschen also das Leben. Und nachdem er dem Menschen all die wunderbaren Dinge und Möglichkeiten des Lebens vor Augen gemalt hat, kommt er auch auf die Gefährdungen und Grenzen zu sprechen.

Von welchen Grenzen und Gefährdungen meines Lebens hätte ich gerne vorher gewusst? Wo hätte ich schon früher jemanden gebraucht, der mich auf bestimmte Grenzen und Gefährdungen in meinem Leben hinweist? Wo habe ich – auf die harte Tour – erfahren müssen, dass ich Grenzen habe und dass es Dinge gibt, die meinem Leben schaden?

Schluss *(Seite 60)*

Der Baum der Erkenntnis des Guten und des Schlechten

Staffel 2 – Folge 8

Beginn (Seite 58)

Die gesamte Schöpfungserzählung atmet Gottes Großzügigkeit. Nun ja, zumindest fast die gesamte Schöpfungserzählung. Eine einzige Sache verwehrt Gott dem Menschen, wie wir in der letzten Lebensliturgie gesehen haben:

> *Und Gott der HERR nahm den Menschen und setzte ihn in den Garten Eden, dass er ihn bebaute und bewahrte. Und Gott der HERR gebot dem Menschen und sprach: Du darfst essen von allen Bäumen im Garten, aber von dem Baum der Erkenntnis des Guten und Bösen sollst du nicht essen; denn an dem Tage, da du von ihm isst, musst du des Todes sterben.*
> (1. Mose 2,15-17 LUT)

Schauen wir uns an, was es mit diesem Baum der Erkenntnis des Guten und des Schlechten auf sich hat. Das Wort „Erkenntnis" ist im Hebräischen wesentlich weniger intellektuell als bei uns heute. Erkenntnis meint im Hebräischen ein ganz tiefes, inniges Vertrautwerden. Erkenntnis beschreibt eine tiefe innere Erfahrung mit einer Sache oder einem Menschen. Auch das Miteinander-Schlafen von Menschen – das ja, wenn es in Liebe geschieht, nichts anderes ist als ein tiefes, inniges Miteinander-Vertrautwerden – wird im Hebräischen mit dem Wort „erkennen" beschrieben. Mit dem „Guten" und dem „Bösen" ist dabei das gemeint, was entweder dem Leben dient, was uns – auf Dauer und in der Tiefe – wirklich guttut, oder das, was dem Leben schadet, was unser Leben – auf Dauer und in der Tiefe – beschädigt und zerstört.

Mit welchem „Guten" und welchem „Bösen" bin ich innerlich bereits vertraut geworden? Wo habe ich tief innerlich erfahren: Dies oder jenes tut mir nachhaltig gut? Und dies oder jenes beschädigt mein Leben in der Tiefe? In der Stille komme ich mit Gott darüber ins Gespräch.

Der Baum der Erkenntnis und die Warnung, davon zu essen, verweisen bildhaft darauf, dass trotz der liebevollen Nähe zwischen Gott und uns Menschen ein unauflösbarer Wesensunterschied bleibt: Gott ist und bleibt Gott, der Schöpfer. Und wir sind und bleiben Menschen, Geschöpfe. Gott ist der Herr des Lebens. Wir sind ein Teil des Lebens. Wir Menschen werden niemals eine sichere, klare, letzte Vertrautheit mit dem haben, was unserem Leben langfristig guttut und langfristig schadet.

Gewiss: Manches können wir erahnen, anderes haben wir schon am eigenen Leib erfahren und wieder anderes können wir wissenschaftlich erforschen. Aber wir haben dennoch nicht den vollen Überblick. Wir durchschauen die Dinge und das Leben nicht bis in die Tiefe. Nur Gott, der das Leben schuf und selbst das Leben ist, kann all dies tief und abschließend beurteilen.

Wenn wir selbst nach den Früchten des Erkenntnis-Baumes greifen, bedeutet dies die Weigerung, uns von Gott irgendetwas sagen zu lassen. Der Griff nach den Früchten des Erkenntnis-Baumes ist der Wunsch, selbst voll und ganz Herr der Schöpfung zu sein: Herr über uns selbst, Herr über andere und Herr über die Natur.

Wo spüre ich in mir selbst eine Weigerung, mir etwas von außen sagen zu lassen – von Gott und/oder von anderen Menschen? Wo will ich selbst gerne voll und ganz Herr sein?

Schluss *(Seite 60)*

Standortbestimmung

Staffel 2 – Folge 9

⭮ *Beginn* *(Seite 58)*

Ich gebe zu: Wir stecken jetzt schon ziemlich lang in dieser zweiten Schöpfungserzählung fest. Und manch einer fragt sich vielleicht: „Geht es nicht eigentlich darum, anders zu leben? Geht es nicht darum, weniger zu konsumieren, alternativer zu leben und achtsamer mit unserer Schöpfung umzugehen? Warum hängen wir noch immer in den paar Worten der Schöpfungsgeschichte fest?"

Nun, weil wir hier Grund-Werte und Grund-Einsichten finden über uns Menschen und über unsere Welt. Diese Grund-Werte und Grund-Einsichten können in uns eine innere Haltung formen, aus der heraus wir dann genau dies tun: weniger konsumieren, alternativer leben, achtsamer mit unserer Schöpfung umgehen.

Denn was hat uns bisher beschäftigt? Ich nenne mal die wesentlichen Inhalte:

- Gestartet sind wir mit dem großen Versprechen Gottes „Ich bin für euch da und ich werde für euch da sein!" – ein Versprechen, das uns Mut macht, anders zu leben und uns für eine heilere, gerechtere Welt zu engagieren, trotz der Wucht und der Größe der verschiedenen ökologischen Krisen.

- Dann haben wir entdeckt, wie bedürftig wir Menschen sind. Wir brauchen Liebe, Atem, Nahrung, Wasser, Sicherheit, Sinn … Gott hat uns bedürftig erschaffen. Wenn wir vom hemmungslosen Konsum wegkommen wollen, müssen wir eine andere, bessere, heilere und heiligere Weise finden, unsere Bedürfnisse zu stillen.

- Dann haben wir über den Garten Eden gestaunt: über diese faszinierende Mischung aus Großzügigkeit und Grenzen. Zu einem guten, gelingenden Leben gehören Freude, Genuss und Dankbarkeit. Und das Respektieren von Grenzen. Dass wir uns auf gute Weise begrenzen, dass wir verzichten können.

- Angesichts der Vielfalt, der Schönheit und der Attraktivität des Gartens haben wir uns die Frage gestellt, welche Berührungen wir in unserem Alltag mit der Natur haben und was wir an der Natur am meisten schätzen. Welche Landschaften, Tiere und Pflanzen unser Herz am stärksten berühren. Denn nur was wir schätzen und lieben, werden wir mit Nachdruck bewahren und schützen.

- Und schließlich ging es um den Baum der Erkenntnis des Guten und des Bösen. Um die Frage, wie Leben eigentlich funktioniert. Was unserem Leben nachhaltig guttut und was ihm nachhaltig schadet. Und ob wir bereit sind, Gottes Weisungen hin zu einem gelingenden Leben zu vertrauen. Oder ob wir da lieber dem Raum geben, was so an Impulsen aus dem Bereich unserer Triebe, Sehnsüchte und Begierden kommt.

Welche Gedanken haben mich besonders stark beschäftigt? Beziehungsweise: Welcher dieser Gedanken beschäftigt mich jetzt?

Wir lesen noch einmal die bisherigen Bibeltexte im Zusammenhang. Beim Lesen achte ich darauf, wo ein Wort oder ein Satz mich besonders ansprechen:

Es war zu der Zeit, da Gott der HERR Erde und Himmel machte. Und alle die Sträucher auf dem Felde waren noch nicht auf Erden, und all das Kraut auf dem Felde war noch nicht gewachsen. Denn Gott der HERR hatte noch nicht regnen lassen auf Erden, und kein Mensch war da, der das Land bebaute; aber ein Strom stieg aus der Erde empor und tränkte alles Land. Da machte Gott der HERR den Menschen aus Staub von der Erde und blies ihm den Odem des Lebens in seine Nase. Und so ward der Mensch ein lebendiges Wesen. Und Gott der HERR pflanzte einen Garten in Eden gegen Osten hin und setzte den Menschen hinein, den er gemacht hatte. Und Gott der HERR ließ aufwachsen aus der Erde allerlei Bäume, verlockend anzusehen und gut zu essen. […] Und Gott der HERR nahm den Menschen und setzte ihn in den Garten Eden, dass er ihn bebaute und bewahrte. Und Gott der HERR gebot dem Menschen und sprach: Du darfst essen von allen Bäumen im Garten, aber von dem Baum der Erkenntnis des Guten und Bösen sollst du nicht essen; denn an dem Tage, da du von ihm isst, musst du des Todes sterben.
(1. Mose 2,4b-9a.15-17 LUT)

Schluss *(Seite 60)*

Bearbeiten und Bewahren

Staffel 2 – Folge 10

Beginn (Seite 58)

Wir bleiben weiterhin bei der zweiten Schöpfungsgeschichte – da warten nämlich noch immer ein paar sehr feine hilfreiche Entdeckungen auf uns. Wieder wird in unfassbar wenigen Worten unfassbar viel Kostbares gesagt:

> *Und Gott der HERR nahm den Menschen und setzte ihn in den Garten Eden, dass er ihn bebaute und bewahrte.*
> (1. Mose 2,15 LUT)

Diese wenigen Worte bringen das, worum es in unserer menschlichen Arbeit geht, auf den Punkt. Unser menschliches Arbeiten besteht – wenn es sinnvoll sein soll – immer entweder im Bearbeiten, im Kreativ-Neuen, in der Innovation, im gestaltenden und verändernden Eingreifen. Oder im Beschützen und Bewahren dessen, was erhaltenswert ist.

Es gibt Dinge in unserer Welt, die es zu bearbeiten gilt. Da müssen und dürfen wir neue Lösungen finden und kreativ gestalten, da brauchen wir Technik, Maschinen und Werkzeuge, da ist es unsere Aufgabe, zu experimentieren und Neues zu wagen.

Und dann gibt es Dinge, die wir bewahren müssen. Wo es um einen behutsamen Umgang geht, um ein Wertschätzen dessen, was bereits da ist, was uns geschenkt ist. Die Welt, die uns umgibt, ist nicht einfach nur ein Steinbruch, sie ist nicht einfach nur Material, das wir verbrauchen und ständig zu Neuem umformen. Nein. Sie ist kostbar. Natur ist kostbar. Traditionen sind kostbar. Erworbene Lebensweisheit ist kostbar. Unfassbar viel ist uns geschenkt, und vieles davon ist gut, so wie es ist – oder bedarf nur leichter Modifikation.

Was für ein Persönlichkeitstyp bin ich? Liegt mir das behutsame Bewahren näher, der Blick für das, was wir keinesfalls aufgeben oder zerstören sollten? Oder liegt mir eher das kreative Gestalten? Die Suche nach neuen Lösungen?

Wenn wir anders leben wollen, achtsamer, genügsamer, leichter, wenn wir Wege aus den ökologischen Krisen unserer Zeit finden wollen, dann brauchen wir beides. Wir brauchen ein kluges Bewahren und Schützen der Natur. Dass wir der Natur wieder mehr Raum geben, weniger Natur verbrauchen, verschmutzen und zerstören. Wir müssen wieder langsamer werden, mehr wahrnehmen lernen. Und wir brauchen neue Ideen und Lösungen. Wir brauchen neue technische Erfindungen – zum Beispiel im Bereich erneuerbare Energien. Wir brauchen neue Denkansätze in der Ökonomie und mit Blick auf unser gesellschaftliches Zusammenleben. Wir können nicht zurück in die gute alte Zeit, sondern nur vorwärts in Richtung einer hoffentlich besseren, heileren Zukunft.

In der Stille bete ich zu Gott um seinen Geist der Weisheit, dass wir neu das Bewahren lernen. Und um seinen Geist des Mutes. Dass wir mutig und klug neue Wege gehen.

Schluss *(Seite 60)*

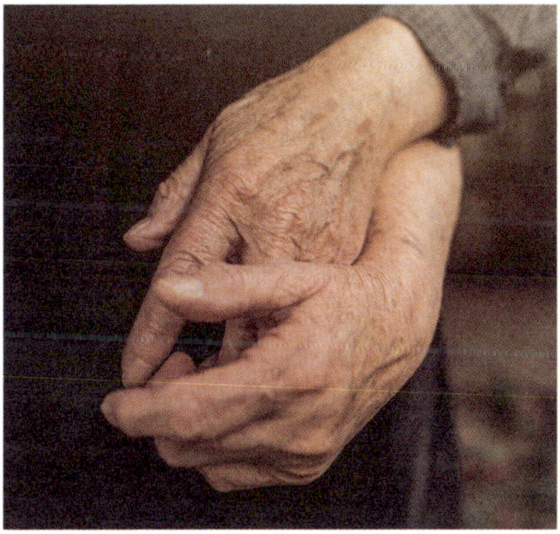

Rettung
Staffel 2 – Folge 11

Beginn (Seite 58)

Es ist erstaunlich: Im ersten biblischen Schöpfungsbericht erschafft Gott durch sein Wort den Himmel und die Erde und die Pflanzen und die Fische und die Menschen – und jedes Mal betrachtet er sein Werk am Ende eines Schöpfungstages und kommt zu dem Ergebnis: „Siehe, sehr gut! Alles, was ich geschaffen habe, ist ganz wunderbar gelungen. Was für eine Freude!"

Im zweiten Schöpfungsbericht, in dem wir uns ja nun schon eine Weile bewegen, kommt Gott erstaunlicherweise zu einem anderen Urteil:

> *Und Gott der HERR sprach: Es ist nicht gut, dass der Mensch allein sei. Ich will ihm eine Hilfe machen, die ihm entspricht. […] Da ließ Gott der HERR einen tiefen Schlaf fallen auf den Menschen, und er schlief ein. Und er nahm eine seiner Rippen und schloss die Stelle mit Fleisch. Und Gott der HERR baute eine Frau aus der Rippe, die er von dem Menschen nahm, und brachte sie zu ihm. Da sprach der Mensch: Die ist nun Bein von meinem Bein und Fleisch von meinem Fleisch; man wird sie Männin nennen, weil sie vom Manne genommen ist.*
> (1. Mose 2,18.21-24 LUT)

Wo leide ich aktuell an Einsamkeit? Wo sehne ich mich nach Menschen, die zu mir stehen, mich unterstützen? Nach Menschen, die mit mir für das Gute kämpfen und für Veränderung? In der Stille komme ich mit Gott darüber ins Gespräch.

Und Gott der HERR sprach: Es ist nicht gut, dass der Mensch allein sei; ich will ihm eine Hilfe machen, die ihm entspricht.
(1. Mose 2,18 LUT)

„Ich will ihm eine Hilfe machen ..." Das Wort „Hilfe" klingt in unseren Ohren vielleicht ein wenig schwach. Nach einer Geh-Hilfe oder einer Lern-Hilfe. Es geht hier allerdings um Leben und Tod. Um Rettung aus höchster Not. Das hebräische Wort für „Hilfe", das hier gebraucht wird, wird ansonsten im Alten Testament an über 40 verschiedenen Stellen zur Beschreibung Gottes höchstselbst verwendet. In Zeiten höchster Gefahr und großer Not wird von Gott ausgesagt, dass er unsere Hilfe, unsere Rettung ist. Und hier wird nun gesagt, dass nicht nur Gott unsere Rettung ist, sondern auch unser Mitmensch. Wir Menschen sind einander Rettung. Das verleiht jedem Einzelnen eine enorme Würde. Wenn mein Gegenüber meine Rettung ist, dann verbietet es sich von selbst, ihn auszunutzen oder zu manipulieren oder gleichgültig über ihn hinwegzusehen.

Wann habe ich das letzte Mal einen Mitmenschen ausgenutzt oder versucht zu manipulieren oder gleichgültig über ihn hinweggesehen?

Schluss *(Seite 60)*

Ergänzung und Korrektur

Staffel 2 – Folge 12

Beginn *(Seite 58)*

Wir schauen uns noch einmal den faszinierenden Text an, der uns in der letzten Lebensliturgie bereits beschäftigt hat.

> *Und Gott der HERR sprach: Es ist nicht gut, dass der Mensch allein sei. Ich will ihm eine Hilfe machen, die ihm entspricht. […] Da ließ Gott der HERR einen tiefen Schlaf fallen auf den Menschen, und er schlief ein. Und er nahm eine seiner Rippen und schloss die Stelle mit Fleisch. Und Gott der HERR baute eine Frau aus der Rippe, die er von dem Menschen nahm, und brachte sie zu ihm. Da sprach der Mensch: Die ist nun Bein von meinem Bein und Fleisch von meinem Fleisch; man wird sie Männin nennen, weil sie vom Manne genommen ist.*
> (1. Mose 2,18.21-24 LUT)

„Gott der HERR sprach: Es ist nicht gut, dass der Mensch allein sei; ich will ihm eine Hilfe machen" – so weit hatten wir es schon in der letzten Lebensliturgie. Heute soll uns der kleine Zusatz „die ihm entspricht" beschäftigen.

> *Und Gott der HERR sprach: Es ist nicht gut, dass der Mensch allein sei; ich will ihm eine Hilfe machen, die ihm entspricht.*
> (1. Mose 2,18 LUT)

Im hebräischen Wort, das hier mit „die ihm entspricht" übersetzt ist (manchmal auch als „sein Gegenüber"), stecken zwei Bedeutungen. Die eine Bedeutung ist „passende Ergänzung". Gott spricht dann also: „Ich will dem Menschen eine Hilfe (eine Rettung) schaffen als seine Ergänzung."

Ich gebe zu, dass es mir anfangs, als ich noch jung und wild und über die Maßen selbstbewusst war, schwergefallen ist, im Team zu arbeiten. Ständig hatte ich sensationell gute Ideen, die allerdings selten von allen auch wirklich für gut befunden wurden. Manchmal wurden sie ganz abgeschmettert, manchmal wurden sie modifiziert – und ich dachte jedes Mal: „Wenn ich doch nur ganz allein entscheiden könnte …"

Mittlerweile – um etwa zwei Jahrzehnte gereift – treffe ich nur noch ungern einsame Entscheidungen. Viel zu oft habe ich erlebt, dass meine Ideen und Entscheidungen in der Diskussion mit anderen besser geworden sind: angemessener, durchdachter, zielführender. Ich habe lernen müssen, wie begrenzt meine Einsicht, meine Kraft und meine Gaben sind, wie sehr ich der Ergänzung durch andere bedarf.

Welche meiner Entscheidungen und Ideen der letzten Wochen sind ebenfalls dadurch besser geworden, dass andere Menschen ihre Sicht, ihre Persönlichkeit und ihre Gaben mit eingebracht haben? In der Stille gehe ich in Gedanken durch meine Entscheidungen und Ideen aus der letzten Zeit.

∼

„Passende Ergänzung" – das ist also die eine Bedeutung, die im hebräischen Wort für „ihm entsprechend" beziehungsweise „sein Gegenüber" steckt. Die andere Bedeutung meint so etwas wie „Korrektur". Gott spricht dann also: „Ich will dem Menschen eine Hilfe (eine Rettung) schaffen zu seiner Korrektur."

Hier wird es schon anstrengender. Korrekturen sind anstrengend. Korrekturen kratzen an unserem Selbstbewusstsein (und an unserem Stolz). So gerne wir andere korrigieren, so ungern lassen wir uns selbst korrigieren. Außerdem kommt es da, wo Menschen sich gegenseitig korrigieren, oft zum Konflikt. Und nicht immer geht es dabei sachbezogen zu. Oft drängen persönliche Empfindlichkeiten, Urteile und Vorurteile nach vorne.

Und doch gilt: Eine wohltuende Ergänzung gibt es auf lange Sicht nicht ohne Konflikt und Korrekturen. Egal ob in der Ehe oder am Arbeitsplatz: Wo unterschiedliche Menschen einander ergänzen, geht es nicht gänzlich ohne Korrektur und Konflikte ab.

In der Stille bete ich für einen aktuellen Konflikt in meinem Leben, der fruchtbar ist und sich auf ein Einander-Ergänzen zubewegt. Und ich bete für einen aktuellen Konflikt in meinem Leben, der einfach nur frustrierend und sinnlos erscheint.

Schluss *(Seite 60)*

Der Mensch und die Tiere

Staffel 2 – Folge 13

Beginn (Seite 58)

Manche Menschen nennen das 20. Jahrhundert das „Jahrhundert der Tiere“: Verhaltensforschung, Genetik und Dokumentarfotografie haben bis heute ein ungeahntes Wissen über Tiere und ihr Verhalten angesammelt. Die Beliebtheit von Tierfilmen, Zoobesuchen und Haustieren zeigt unsere enge Verbindung, unsere Liebe zu Tieren – oder zumindest unsere Faszination für sie.

Zugleich gilt: In den letzten hundert Jahren sind Tiere wie nie zuvor in einem unfassbaren Ausmaß zur Ware geworden, zu einer seelenlosen Ressource, die von uns Menschen in den Bereichen Fleischproduktion, Pharmaindustrie und Kosmetik ausgebeutet wird. Dazu kommt ein massives Artensterben: Nie zuvor waren Tiere so chancenlos, so radikal uns Menschen unterworfen.

Angesichts all dessen hören wir auf wegweisende Worte aus der biblischen Schöpfungsgeschichte:

> *Und Gott der HERR machte aus Erde alle die Tiere auf dem Felde und alle die Vögel unter dem Himmel und brachte sie zu dem Menschen, dass er sähe, wie er sie nennte; denn wie der Mensch jedes Tier nennen würde, so sollte es heißen. Und der Mensch gab einem jeden Vieh und Vogel unter dem Himmel und Tier auf dem Felde seinen Namen.*
> (1. Mose 2,19-20a LUT)

Es existiert also von Anfang an eine enge Verbindung von uns Menschen zu den Tieren. Wir teilen uns diese Welt mit den Tieren. Die ganze Schöpfung (Pflanzen, Menschen und Tiere) ist fein und unendlich komplex aufeinander abgestimmt und bezogen. Es gibt das eine nicht ohne das andere.

In der Stille gebe ich Erinnerungen Raum, wo ich diese enge Bezogenheit von Pflanzen, uns Menschen und Tieren erlebt habe. Wo ich – vielleicht bei einem Waldspaziergang oder beim Wandern in den Bergen oder beim Blick über das Meer – erlebt habe, dass Pflanzen, Menschen und Tiere miteinander geschaffen wurden und zusammengehören.

> *Und Gott der HERR machte aus Erde alle die Tiere auf dem Felde und alle die Vögel unter dem Himmel und brachte sie zu dem Menschen, dass er sähe, wie er sie nennte; denn wie der Mensch jedes Tier nennen würde, so sollte es heißen. Und der Mensch gab einem jeden Vieh und Vogel unter dem Himmel und Tier auf dem Felde seinen Namen.* (1. Mose 2,19-20a LUT)

Dieser Fokus auf dem Benennen der Tiere wirkt auf uns möglicherweise ein wenig seltsam. Was soll das heißen oder bedeuten? Was bezweckt Gott mit diesem Auftrag? Und wie soll das aussehen: den Tieren Namen geben?

In der hebräischen Vorstellungswelt des Alten Testaments spielt der Name eine für uns erstaunlich große Rolle. Während Namen für uns eher Schall und Rauch sind, sieht das im Alten Testament völlig anders aus. Gott stellt sich Mose im brennenden Dornbusch mit Namen vor. Gott benennt Jakob um in „Israel". Adam, der erste Mensch, gibt jedem einzelnen Tier seinen Namen. Und Josef, der Vater von Jesus, bekommt vom Engel den Auftrag, seinen Sohn „Jeschua" (Jesus), „Retter", zu nennen.

Der Name bezeichnet im Hebräischen nämlich nicht irgendetwas Äußerliches, sondern das Innerste, das Wesen. Das Wesen Gottes oder das Wesen eines Menschen oder das Wesen eines Tieres. Wenn Adam hier von Gott den Auftrag bekommt, den Tieren Namen zu geben, dann will Gott damit, dass wir Menschen uns intensiv mit den Tieren beschäftigen sollen. Wir sollen sie beobachten, uns für sie interessieren, sie wertschätzen, sie beachten und achten.

Gibt es eine bestimmte Tierart, die mich besonders fasziniert? Über die ich staune, die mich interessiert, dich ich achte, vielleicht sogar liebe?

Schluss *(Seite 60)*

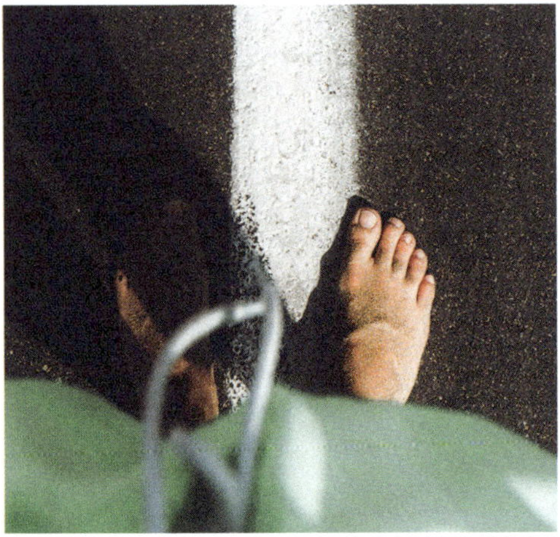

Der Mensch und die Tiere – Teil II

Staffel 2 – Folge 14

Beginn *(Seite 58)*

Erneut wollen wir uns den Schöpfungsbericht von der Erschaffung der Tiere anschauen:

> *Und Gott der HERR machte aus Erde alle die Tiere auf dem Felde und alle die Vögel unter dem Himmel und brachte sie zu dem Menschen, dass er sähe, wie er sie nennte; denn wie der Mensch jedes Tier nennen würde, so sollte es heißen. Und der Mensch gab einem jeden Vieh und Vogel unter dem Himmel und Tier auf dem Felde seinen Namen.* (1. Mose 2,19-20a LUT)

Wenn man diese Worte von der Erschaffung der Tiere mit den Worten von der Erschaffung des Menschen vergleicht, beginnt man zu staunen über die präzisen Beschreibungen, welche Nähe und welche Distanz zwischen den Tieren und uns Menschen bestehen.

Schauen wir zu Beginn auf die Nähe: Auch die Tiere werden direkt von Gott geschaffen – und sie bestehen aus dem gleichen Material wie wir Menschen, aus „Adama" (Erde). Und tatsächlich finden wir die hohe Verwandtschaft mit uns Menschen, die der Text hier den Tieren zuspricht, in der Biologie bestätigt: Wir Menschen teilen bis zu 99 % der Gene mit Menschenaffen, selbst Schweine haben zu etwa 90 % die gleichen Gene wie wir.

Neben dem gleichen Material, aus dem Jahwe-Gott die Tiere formt, fällt auf, dass Gott die Tiere auch mit der gleichen Kunstfertigkeit schafft wie bei der Erschaffung des Menschen. Das hebräische Wort für „formen", das hier gebraucht wird, ist das gleiche wie bei der Erschaffung des Menschen und steht für eine künstlerische Tätigkeit: Auch Tiere sind also Kunstwerke, sie sind einmalig, wunderbar gemacht und laden zum Staunen und zu Ehrfurcht ein.

Und schließlich ein Drittes: Der Text bezeichnet die Tiere hier als „näfäsch chajim", als „lebendige Wesen" – Tiere haben also dieselbe Art von Lebendigkeit wie wir. Und das bedeutet: Tiere haben – wie wir – Bedürfnisse, sie empfinden Schmerz, viele hoch entwickelte Tiere empfinden sogar Leid und Trauer. Unsere gottgewollte Nähe zu den Tieren bedeutet einen Auftrag an uns, ihr Leben und ihre Bedürfnisse wahrzunehmen und zu achten.

In der Stille gebe ich der Trauer und dem Erschrecken Raum, wie sehr wir Menschen unsere Mitgeschöpfe, die Tiere, quälen: sowohl im Bereich der Massentierhaltung wie auch im Bereich der medizinischen und kosmetischen Forschung. Ich bekenne Gott mein Mithinein-Verwobensein in dieses System und bete: „Kyrie eleison: Herr, erbarme dich!"

Der biblische Text beschreibt aber nicht nur unsere enge Verwandtschaft mit den Tieren, unsere Nähe zu ihnen, sondern auch eine schöpfungsgewollte Distanz. Hier wird das Verhältnis von Mensch und Tier keineswegs romantisiert.

Zum einen wird den Tieren ein eigener Lebensraum, eine eigene Lebenswelt zugeordnet. Es ist ausdrücklich von den „Tieren auf dem Felde" und den „Vögeln unter dem Himmel" die Rede. Wir teilen uns die große, weite Schöpfung also einerseits mit den Tieren, andererseits gilt: Tiere brauchen ihren eigenen, geschützten Lebensraum. Viele Tiere können da, wo wir sind, nicht leben. Es braucht Schutzzonen und Nationalparks – und davon sogar viele!

Dann fällt auf: Die Tiere werden zwar – wie wir Menschen auch – aus „Adama“ (Erde) gemacht, aber Gott haucht ihnen keinen „Atem des Lebens“ ein. Das hier für Atem verwendete hebräische Wort beschreibt dabei nicht das Wort für das Atmen von Luft (das tun Tiere ja schließlich auch), sondern es beschreibt unseren menschlichen Sprech-Atem. Wir Mensch sind – anders als Tiere – ausgesprochene Sprach-Wesen. Wir sind auf intensive, präzise Kommunikation angelegt. Mit unserer Sprache können wir sowohl naturwissenschaftliche Wirklichkeit erfassen und ausdrücken wie auch politische Nachrichten, wie auch Poesie. Wir können Wissen weitergeben, andere zum Lachen bringen, Geheimnisse mitteilen, mit Worten zu Tränen rühren … Hier unterscheiden wir uns qualitativ von Tieren.

Und schließlich wird hier davon erzählt, dass Adam die Tiere benennt: Das drückt eine große Überlegenheit aus. Mensch und Tiere sind also keine Partner auf Augenhöhe. Es ist nicht das Nashorn oder die Schildkröte, sondern dezidiert der Mensch, dem Gott das Bewahren und Bebauen seiner Schöpfung anvertraut.

In der Stille gehe ich der Frage nach, wo in meinem Leben ich diesem großen Schöpfungsauftrag Gottes nachkomme. Wo ich meinen Teil dazu beitrage, diese von Gott wunderbar geschaffene Erde zu bebauen und zu bewahren.

Schluss *(Seite 60)*

Online findest du weitere Folgen aus
Staffel 2 – anders leben

drei

KlosterPsalmen
(Staffel 3)

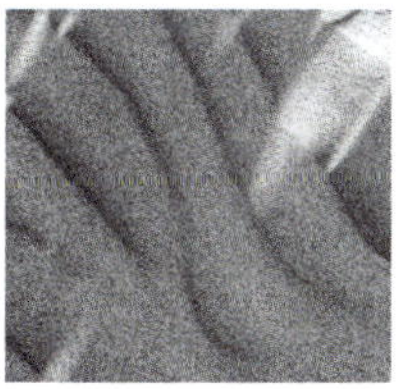

Beginn

Zu Beginn meines Betens lege ich zur Seite, was mich beschäftigt, und lasse es ruhig werden in mir.

Ich atme langsam und bewusst.
Und sammle meine Gedanken.

Herr, du bist hier. Jetzt. In diesem Moment.
Du schaust mich liebevoll an.
Verleih mir,
gütiger und heiliger Vater,
in deiner Huld:
einen Verstand, der dich versteht,
einen Sinn, der dich wahrnimmt,
einen Eifer, der dich sucht,
ein Herz, das dich liebt,
ein Tun, das dich verherrlicht,
eine Geduld, die auf dich harrt.
Amen.

(Benedikt von Nursia, Vater des Mönchtums, 6. Jh.)

Schluss

So lade ich dich, Gott, nun ein, den Tag, der vor mir liegt,
zu gestalten – in mir und mit mir.

Atme in mir, Heiliger Geist,
dass ich heute Gutes denke.
Wirke in mir, Heiliger Geist,
dass ich heute Gutes fühle!
Pulsiere in mir, Heiliger Geist,
dass ich heute Gutes tue!

Dir gebe ich meinen Tag und mein Leben.
Erfülle mich mit deiner Kraft und mit deiner Liebe.
Heute. Und an allen Tagen. Und in Ewigkeit. Amen.

(nach Augustinus)

Zum Auftakt

Staffel 3 – Folge 1

Beginn *(Seite 116)*

Die Psalmen waren ursprünglich eine Art Gesangbuch für den öffentlichen Gottesdienst im alten Israel. Sie wurden gesungen und prägten sich auf diese Weise tief in den Geist, das Herz und die Fantasie der Menschen ein.

Auch die ersten Christen beteten und sangen die Psalmen. Als Benedikt von Nursia seine Klostergemeinschaften gründete, bestimmte er, dass jede Woche alle Psalmen einmal komplett gebetet, gelesen und gesungen werden sollten. Und so ging es weiter: Im Mittelalter waren die Psalmen der Teil der Bibel, der den meisten Christen am vertrautesten war. Martin Luther und Johannes Calvin sprachen in hohen Tönen von den Psalmen. Beinahe alle großen geistlichen Vorbilder empfahlen und empfehlen, dass wir unser Beten sozusagen in die Psalmen einhüllen und auf diese Weise unser Beten, Glauben und Leben von diesen alten Gebetsworten prägen lassen.

In der Stille überlege ich: Gibt es Worte aus diesem alten Buch der Psalmen, die mir wichtig geworden sind in meinem bisherigen Leben? Die mein Beten, Glauben und Leben geprägt haben?

Das Buch der Psalmen malt ein überaus reiches Bild von Gott. Wenn wir den Psalmen folgen, wenn wir ihnen Raum geben in uns, dann führen uns die Psalmen zu Gott, so wie er tatsächlich ist – und nicht, wie wir ihn uns vorstellen. Wir spüren, wenn wir die Psalmen lesen: Der Gott der Psalmen ist einfach zu heilig, zu weise, zu gnädig, zu erschreckend und zu zärtlich, als dass Menschen sich diesen Gott ausgedacht haben könnten. Wenn wir die Psalmen beten, bekommt unser Gebetsleben eine große Tiefe und Realität, weil sie uns mit Gott in Verbindung bringen, so wie er wirklich ist.[7]

In der Stille bringe ich mein Gebetsleben und meine Gottesbilder vor Gott. Wie „real" ist das alles? Wie sehr sind mein Beten, mein Glauben und mein Leben miteinander verbunden?

Schluss *(Seite 117)*

Psalm 1 / I - Seligkeit

Staffel 3 – Folge 2

Beginn (Seite 116)

Wohl dem, der nicht wandelt im Rat der Gottlosen
noch tritt auf den Weg der Sünder
noch sitzt, wo die Spötter sitzen,
sondern hat Lust am Gesetz des HERRN
und sinnt über seinem Gesetz Tag und Nacht!
Der ist wie ein Baum, gepflanzt an den Wasserbächen,
der seine Frucht bringt zu seiner Zeit,
und seine Blätter verwelken nicht.
Und was er macht, das gerät wohl.
(Psalm 1,1-3 LUT)

Der allererste Anfang der Psalmen beginnt mit dem Wort „Wohl dem, …" oder – noch etwas präziser übersetzt – „Glückselig der, …".

Wer oder was ist eigentlich „selig"? Nun: Gott ist selig. Seligkeit ist ein Zustand Gottes: ein durch und durch erfülltes Sein, tiefste Freude, intensivstes Leben und vollkommene Ruhe. Wenn wir mit Gott, der „Seligkeit" schlechthin, in Beziehung treten, bekommen wir Anteil an diesem durch und durch erfüllten Sein, an intensivstem Leben, tiefer Freude und vollkommener Ruhe. Wir werden selig, glückselig, in dem Maße, wie wir uns mit Gott verbinden.

Kenne ich solche Momente von Seligkeit? Habe ich Gott schon mal als mein Glück erlebt?

Die Verheißung der Seligkeit wird hier an eine doppelte Entscheidung geknüpft. In dieser Lebensliturgie schauen wir uns die erste dafür notwendige Entscheidung an: die Entscheidung, nicht im Rat der Gottlosen zu wandeln, nicht den Weg der Sünder zu gehen und nicht zu sitzen, wo die Spötter sitzen.

Gottlose leben, als ob es Gott nicht gibt. Sie sind ihr eigener Herr und entscheiden auf eigene Faust, was sie für gut oder für schlecht halten. Sünder tun, was gegen Gottes Herz ist, sie leben gegen Gottes gute Vorstellungen von Leben an. Und während Gottlose und Sünder einen Weg der Tat gehen, sitzen die Spötter. Sie sind Zuschauer. Zuschauer mit zynischen Herzen, die alles Schöne und Gute zur Illusion erklären. Sie spotten vom Rande des Lebens aus über alle Versuche, aufrichtig und liebevoll zu leben, und freuen sich kühl, wenn solche Versuche scheitern. „Wohl dem, der nicht wandelt im Rat der Gottlosen noch tritt auf den Weg der Sünder noch sitzt, wo die Spötter sitzen."

Gibt es Menschen in meiner Umgebung, auf die solche Beschreibungen zutreffen? Welchen Einfluss haben sie auf mich?

Wohl dem, der nicht wandelt im Rat der Gottlosen
noch tritt auf den Weg der Sünder noch sitzt,
wo die Spötter sitzen,
sondern hat Lust am Gesetz des HERRN
und sinnt über seinem Gesetz Tag und Nacht!
Der ist wie ein Baum, gepflanzt an den Wasserbächen,
der seine Frucht bringt zu seiner Zeit,
und seine Blätter verwelken nicht.
Und was er macht, das gerät wohl.
(Psalm 1,1-3 LUT)

Schluss *(Seite 117)*

Psalm 1 / II – Weg der Glückseligkeit

Staffel 3 – Folge 3

Beginn *(Seite 116)*

Wohl dem, der nicht wandelt im Rat der Gottlosen
noch tritt auf den Weg der Sünder noch sitzt,
wo die Spötter sitzen,
sondern hat Lust am Gesetz des HERRN
und sinnt über seinem Gesetz Tag und Nacht!
Der ist wie ein Baum, gepflanzt an den Wasserbächen,
der seine Frucht bringt zu seiner Zeit,
und seine Blätter verwelken nicht.
Und was er macht, das gerät wohl.
(Psalm 1,1-3 LUT)

Psalm 1 wirbt für den Weg der Glückseligkeit. Für den Weg, auf dem wir in Beziehung treten mit Gott und auf diese Weise Anteil bekommen an Gottes durch und durch erfülltem Sein, an seinem göttlichen Leben, seiner göttlichen Freude und seiner tiefen, vollkommenen Ruhe. Um diesen Weg zu beschreiten, braucht es – wie wir in der letzten Lebensliturgie festgestellt haben – eine doppelte Entscheidung. Zum einen die Entscheidung gegen ein falsches, ichzentriertes, zynisches Leben:

Wohl dem, der nicht wandelt im Rat der Gottlosen
noch tritt auf den Weg der Sünder noch sitzt, wo die Spötter sitzen, […]

Die zweite Entscheidung, die es braucht, um den Weg der Glückseligkeit zu finden und zu gehen, ist diese hier:

> *[…] sondern hat Lust am Gesetz des HERRN*
> *und sinnt über seinem Gesetz Tag und Nacht!*

Zugegebenermaßen ist das Wort „Gesetz" hier nicht allzu glücklich gewählt. Bei „Gesetz" denken viele von uns spontan an dicke Bücher voll kühl formulierter Regeln und Verbote. Im hebräischen Original steht hier aber das Wort „Thora". „Thora" steht für die ersten fünf Bücher Mose. In ihnen begegnen wir der faszinierenden Erschaffung der Welt, wir begegnen Gottes Treue gegenüber Abraham, Isaak und Jakob. Wir erleben, wie Gott sein Volk Israel aus Sklaverei und Bedrängnis befreit. Wir erleben Gottes Gnade und Güte, wenn Israel murrt oder sich sein eigenes Gottesbild gießt. Und wir lesen von einer Vielzahl von Anweisungen und Verboten, die Gott seinem Volk Israel gibt, als dieses sich – nach der Sklaverei in Ägypten – auf einmal selbst verwalten muss. Wie umgehen mit Besitz, Straftaten, sozial Schwachen und der Gegenwart Gottes im Zelt der Begegnung? Wie geht gutes Leben für ein ganzes Volk? Wie stellt Gott sich gelingendes Leben vor?

In welchen Bereichen des Lebens erlebe ich Regeln und Verbote, die von außen kommen, als hilfreich?

Für uns Christen ist die „Thora", das Gesetz, die Weisung Gottes deutlich umfassender. Wir glauben, dass sich uns der Weg der Glückseligkeit erschließt, wenn wir uns tief hineingeben in die Worte des Alten und des Neuen Testaments. Wenn wir darüber nachsinnen Tag und Nacht. Auch hier begegnen wir Regeln und Verboten.

Wir begegnen aber vor allem Gott und Jesus selbst – und Menschen, die Gott vertraut haben und Jesus nachgefolgt sind. Im Eintauchen in diese alten Worte und in der Herzens-Auseinandersetzung mit ihnen treten wir in Beziehung mit unserem guten, dreieinigen Gott … und uns tut sich der Weg der Glückseligkeit auf. Wir entdecken gutes, gelingendes Leben.
Welches innere Bild habe ich von der Bibel? Denke ich, wenn ich „Bibel“ höre, an Leben, Freude, Ruhe und Glückseligkeit? Warum? Oder warum nicht?

Wohl dem, der nicht wandelt im Rat der Gottlosen
noch tritt auf den Weg der Sünder noch sitzt,
wo die Spötter sitzen,
sondern hat Lust am Gesetz des HERRN
und sinnt über seinem Gesetz Tag und Nacht!
Der ist wie ein Baum, gepflanzt an den Wasserbächen,
der seine Frucht bringt zu seiner Zeit,
und seine Blätter verwelken nicht.
Und was er macht, das gerät wohl.
(Psalm 1,1-3 LUT)

Schluss *(Seite 117)*

Psalm 1 / III – Ein waches Auf-Gott-Achten

Staffel 3 – Folge 4

Beginn *(Seite 116)*

Wohl dem, der nicht wandelt im Rat der Gottlosen
noch tritt auf den Weg der Sünder noch sitzt,
wo die Spötter sitzen,
sondern hat Lust am Gesetz des HERRN
und sinnt über seinem Gesetz Tag und Nacht!
Der ist wie ein Baum, gepflanzt an den Wasserbächen,
der seine Frucht bringt zu seiner Zeit,
und seine Blätter verwelken nicht.
Und was er macht, das gerät wohl.
(Psalm 1,1-3 LUT)

Wir schauen uns ein weiteres Mal Psalm 1 an – das große Eingangsportal zum biblischen Buch der Psalmen. Wir haben bisher gesehen, dass er für einen Weg der Glückseligkeit wirbt, einen Weg, den wir finden, wenn wir uns – immer neu – gegen Ich-Fokus und Zynismus entscheiden und stattdessen für ein waches Auf-Gott-Achten, für ein frohes, erwartungsvolles Hören auf das, was von ihm her kommt an Worten, Gedanken, Bildern und Gefühlen.

Wer so lebt, wer diesen Weg wählt, der ist vergleichbar mit einem Baum am Wasser, saftig-grün, voller Lebenskraft und Früchte. Ein solcher Baum bringt Früchte in Fülle, nicht weil er sich so sehr anstrengt, sondern weil er seine Wurzeln in gutem Boden hat. Die Nährstoffe aus Boden und Luft lassen ihn sich entfalten und verschenken. Wobei er seine Früchte ausdrücklich „zu seiner Zeit" bringt: Fruchtbringen ist nichts, was auf Knopfdruck produzierbar wäre. Die Früchte – Liebe, Freude, Frieden, Geduld, Treue und Selbstbeherrschung (vgl. Galater 5,22+23) – reifen heran, wenn der

Lebensraum, der Standort, die Nährstoffe stimmen. Sie brauchen Zeit, sich zu entwickeln.

Welche guten Früchte trage ich aktuell (womit bin ich also ein Segen für andere)? Und welche Früchte brauchen noch Zeit, um zu reifen?

Wer den Weg der Glückseligkeit wählt, ist also zum einen vergleichbar mit einem Baum: einem Baum, der gepflanzt ist an Wasserbächen, der seine Frucht bringt zu seiner Zeit und dessen Blätter nicht welken. Über einen solchen Menschen wird aber auch dies hier gesagt: „Und was er macht, das gerät wohl."

Es entsteht das innere Bild eines Menschen, der aus einer inneren Ruhe und Klarheit heraus handelt und sich auf Wesentliches konzentriert. Der die richtigen Dinge zur richtigen Zeit tut und dessen Vorhaben deshalb gelingen.

Wo habe ich im Moment das Gefühl, das Richtige zur richtigen Zeit zu tun? Wo verspüre ich innere Ruhe und Klarheit?

> *Wohl dem, der nicht wandelt im Rat der Gottlosen*
> *noch tritt auf den Weg der Sünder noch sitzt,*
> *wo die Spötter sitzen,*
> *sondern hat Lust am Gesetz des HERRN*
> *und sinnt über seinem Gesetz Tag und Nacht!*
> *Der ist wie ein Baum, gepflanzt an den Wasserbächen,*
> *der seine Frucht bringt zu seiner Zeit,*
> *und seine Blätter verwelken nicht.*
> *Und was er macht, das gerät wohl.*
> (Psalm 1,1-3 LUT)

Schluss *(Seite 117)*

Psalm 2 – Abhängigkeiten

Staffel 3 – Folge 5

Beginn *(Seite 116)*

Warum toben die Völker vor Zorn?
Warum schmieden sie vergebliche Pläne?
Die Könige der Erde lehnen sich auf,
die Herrscher der Welt verschwören sich gegen
den HERRN und seinen Gesalbten.
„Wir werden ihre Ketten zerreißen", schreien sie,
„und uns von ihrer Herrschaft befreien!"
Doch der Herrscher im Himmel lacht und spottet über sie. […]
Deshalb, ihr Könige, handelt klug!
Lasst euch warnen, ihr Herrscher der Erde!
Dient dem Herrn in Ehrfurcht und jubelt ihm zu mit Zittern.
(aus Psalm 2)

Ein Psalm wie ein Brett. Knallhart. Eine wuchtige Ansage, dass Gott allmächtig ist und vollen Anspruch auf sein Chef-Sein erhebt. Die Schärfe, die in diesen Worten spürbar wird, wurzelt in einer erbittert geführten Auseinandersetzung. Wobei: Erbittert geführt wird diese Auseinandersetzung nur von einer Seite: vonseiten der Nationen, der Völker, der Könige. Vonseiten der Menschen also. Von den Fesseln, dass da ein anderer König ist als sie selbst, wollen sie sich befreien. Die Ketten der Abhängigkeit wollen sie zerbrechen. Ein Aufstand der Geschöpfe gegen ihren Schöpfer. Absolut frei wollen sie sein. Nur sich selbst verantwortlich. Tun und lassen, was sie wollen.

Wie ist das bei mir: Ärgere ich mich manchmal an Gottes Gott-Sein? Dass da einer über mir seine ganz eigenen Pläne hat: mit dieser Welt und mit meinem Leben? In der Stille komme ich mit Gott darüber ins Gespräch.

„Sich von der Herrschaft befreien ..." – was soll das mit Blick auf Gott eigentlich heißen? Dass ich mir meine Gesundheit selbst verleihe? Dass ich mir so viel Lebenskraft nehme, wie ich gerne möchte? Dass ich in anderen Liebe für mich entstehen lasse? Dass ich über Erfolg und Gelingen frei verfüge?

Mag sein, dass das in meinen Ohren durchaus attraktiv klingt, aber es bleibt unsinnig. Komplett unmöglich. Ich bin und bleibe abhängig: von der Luft, die ich atme. Von den Menschen, die mich umgeben. Von so zentralen Faktoren wie Gesundheit, Inspiration und Liebe. Gott lacht über solche Versuche der Revolution – und es ist kein glückliches Lachen. Es ist ein Lachen, in dem die Lächerlichkeit eines solchen Aufstands widerhallt. Ein solcher Aufstand ist objektiv absurd. Er wird nie zur Entthronung Gottes führen, sondern lediglich zur Selbstzerstörung des Menschen. Gelingendes Leben gibt es immer nur mit Gott und nicht gegen ihn.

In der Stille mache ich mir meine vielen Abhängigkeiten bewusst ... und nehme sie an. Lege sie Gott in die Hände. Vertraue mich seinem Handeln und seinen Plänen an.

Warum toben die Völker vor Zorn?
Warum schmieden sie vergebliche Pläne?
Die Könige der Erde lehnen sich auf,
die Herrscher der Welt verschwören sich gegen
den HERRN und seinen Gesalbten.
„Wir werden ihre Ketten zerreißen",
schreien sie, „und uns von ihrer Herrschaft befreien!"
Doch der Herrscher im Himmel lacht und spottet über sie. […]
Deshalb, ihr Könige, handelt klug!
Lasst euch warnen, ihr Herrscher der Erde!
Dient dem Herrn in Ehrfurcht und jubelt ihm zu mit Zittern.
(aus Psalm 2)

Schluss *(Seite 117)*

Psalm 3 – Eine angefochtene Gewissheit

Staffel 3 – Folge 6

Beginn (Seite 116)

HERR, ich habe so viele Feinde und meine
Gegner sind so zahlreich!
So viele sagen über mich: „Gott wird ihn nicht retten."
Doch du, HERR, umgibst mich mit deinem Schutz,
du bist meine Ehre und richtest mich auf. [...]
Ich legte mich nieder, um zu schlafen,
und erwachte in Sicherheit,
denn der HERR behütete mich. [...]
Ja, der HERR hilft uns.
(aus Psalm 3)

Zahlreich sind manchmal die Feinde. Und wenn schon nicht Feinde, so doch Menschen und viel öffentliche Meinung, die behaupten: „Gott kann und wird nicht retten. Gott ist kein relevanter Faktor. In Krankheiten und Krisenzeiten bleibt Gott fern: ein schöner Gedanke, aber letztlich ohne wirklichkeitsverändernde Kraft. Alles Hoffen und Warten auf Gott ist umsonst."

„Der HERR behütete mich. Ja, der HERR hilft uns!" Dieses Gegenbekenntnis des Beters kommt als Gewissheit daher. Und doch ist es eine angefochtene Gewissheit. Denn der Beter steht mit dieser Gewissheit allein auf weiter Flur.

Die natürliche Situation von Wahrheit ist es, von vielen gesehen und geteilt zu werden. Eine Wahrheit, die von vielen bestritten wird, verliert einen Teil ihrer Überzeugungskraft. Auf einmal gerät die eigentlich so feste Gewissheit ins Wanken. Sie gerät unter den Verdacht, nur eine Illusion zu sein. Und doch endet der Beter bewusst mit dieser Gewissheit. Lässt sie das letzte Wort haben.

Welche Glaubensgewissheit ist bei mir ins Wanken geraten? Will ich sie neu bekräftigen, ihr neu das letzte Wort geben?

> *Ich legte mich nieder, um zu schlafen,*
> *und erwachte in Sicherheit,*
> *denn der HERR behütete mich.*
> (Psalm 3,6)

Wer glaubt, interpretiert die Wirklichkeit im Licht seines Glaubens. Hier nimmt der Psalmbeter eine – trotz feindlicher Verfolgung – ruhige Nacht als Zeichen, dass Gott selbst ihn schützt und ihm hilft.

Für den Unglauben hat das eigene Erleben keinen höheren Sinn: Alles ist Zufall. Für den Glauben jedoch gibt es keinen Bereich im eigenen Leben, der nicht irgendwie mit Gott in Verbindung steht. Alles, was geschieht, muss zuvor irgendwie an Gott vorbei, kommt entweder aus seiner guten Hand oder wird von Gott – warum auch immer – zugelassen.

In Gedanken gehe ich durch meine letzten Tage: An welche kleineren oder größeren Ereignisse kann ich mich erinnern? Ich nehme eines dieser Ereignisse und frage Gott: Wie steht das mit dir in Verbindung?

HERR, ich habe so viele Feinde und meine
Gegner sind so zahlreich!
So viele sagen über mich: „Gott wird ihn nicht retten."
Doch du, HERR, umgibst mich mit deinem Schutz,
du bist meine Ehre und richtest mich auf. [...]
Ich legte mich nieder, um zu schlafen,
und erwachte in Sicherheit,
denn der HERR behütete mich. [...]
Ja, der HERR hilft uns.
(aus Psalm 3)

Schluss *(Seite 117)*

Psalm 4 – Die schönste Bitte

Staffel 3 – Folge 7

Beginn *(Seite 116)*

Antworte mir, wenn ich rufe, mein Gott,
der du mich von Schuld freisprichst. […]
Sei mir gnädig und höre mein Gebet! […]
Viele Menschen fragen: „Wer wird uns bessere Zeiten bringen?"
Lass das Licht deines Angesichts über uns leuchten, HERR! […]
Ich will mich in Frieden hinlegen und schlafen,
denn du allein, HERR, gibst mir Geborgenheit.
(aus Psalm 4)

„Antworte mir, wenn ich rufe, mein Gott, der du mich von Schuld freisprichst. […] Sei mir gnädig und höre mein Gebet!" So eröffnet der Beter dieses Psalms sein Gebet. Interessant ist: Es folgt gar keine bestimmte Bitte, es wird keine spezielle Not genannt. Keine Krankheit, keine Feinde, keine eigene Schuld. Und doch die Bitte: „Antworte mir, wenn ich rufe! Sei mir gnädig und höre mein Gebet!"

Aber ist diese Bitte nicht vielleicht die schönste und grundlegendste von allen? Die Bitte darum, dass Gott uns gnädig-liebevoll zugewandt ist, dass Gott uns hört, sich für uns interessiert und auf unsere Kontaktaufnahmen reagiert, dass Gott antwortet.

Die zentrale Frage bei jedem Gebet ist doch: Ist dieses Gebet nur ein Selbstgespräch, bleiben wir mit unserem Beten letztlich bei uns selbst? Oder ist unser Gebet eine tatsächliche, reale Verbindung zu Gott? Wenn in unserem Beten ein realer Kontakt, eine echte Herzensberührung mit Gott geschieht, dann liegt dies weniger an uns (an unserer besonders guten Gebetstechnik oder unserem besonders heiligen Lebenswandel), sondern allein an Gott: an seiner Liebe und seinem Erbarmen. Daran, dass Gott diese Begegnung mit uns will und ermöglicht.[8]

In der Stille wende ich mich an Gott und bitte ihn um seine gnädigliebevolle Zuwendung zu mir, bitte ihn um sein Hören und Antworten.

Dass auf die grundlegende Eingangsbitte um Erhörung wie vorhin behauptet überhaupt keine spezielle Bitte folgt, stimmt nicht ganz. Es folgt eine Bitte, nämlich die hier: „Lass das Licht deines Angesichts über uns leuchten, HERR!" Auch hier wieder: Wie allgemein, aber eben auch durch und durch wunderschön und tief ist diese Bitte! Wenn Gott sich zeigt, wenn sein Glanz aufleuchtet und unser Leben – ähnlich wie die Abendsonne – in die intensiven Farben seines göttlichen Lichtes taucht, verschwinden alle Fragen und Bitten in uns. Werden wir still. Ein tiefer Frieden hüllt uns ein.

Vermutlich niemand von uns erlebt dies dauerhaft oder auch nur regelmäßig. Aber selbst einige wenige Erfahrungen dieser Art verleihen unserem Glauben ein stilles, tiefes Leuchten. Eine Ahnung von der Schönheit und Liebe Gottes. Leuchterfahrungen dieser Art verankern eine Sehnsucht nach Gott, eine Sehnsucht nach Christus in uns, die uns immer wieder und immer wieder neu zu ihm hinziehen.

Hatte ich schon einmal solche „Leuchterfahrungen"? Momente, in denen Gott mein Leben in sein Licht und seinen Frieden eingehüllt hat – vielleicht sogar mitten in aufgewühlten Zeiten?

Antworte mir, wenn ich rufe, mein Gott,
der du mich von Schuld freisprichst. […]
Sei mir gnädig und höre mein Gebet! […]
Viele Menschen fragen: „Wer wird uns bessere Zeiten bringen?"
Lass das Licht deines Angesichts über uns leuchten, HERR! […]
Ich will mich in Frieden hinlegen und schlafen,
denn du allein, HERR, gibst mir Geborgenheit.
(aus Psalm 4)

***Schluss** (Seite 117)*

Psalm 5 / I – Gott der Gerechtigkeit

Staffel 3 – Folge 8

Beginn *(Seite 116)*

HERR, höre mich, wenn ich bete, vernimm meine Klage!
Höre meinen Hilferuf, mein König und mein Gott,
denn ich bete zu dir. [...]
Denn dir, Gott, gefällt keine Gottlosigkeit;
die Gottlosen dürfen nicht in deiner Nähe sein.
Führe mich den rechten Weg, HERR,
damit mich meine Feinde nicht überwältigen. [...]
Denn meine Feinde sprechen kein wahres Wort.
Ihr größtes Bestreben ist es, anderen zu schaden.
Ihre Rede ist faul, wie der Gestank aus einem offenen Grab.
Sie ist durch und durch verlogen.
Sprich sie schuldig, Gott.
Lass sie durch ihre eigenen Pläne zu Fall kommen. [...]
Du segnest den Gottesfürchtigen, HERR,
und umgibst ihn schützend mit deiner Güte.
(aus Psalm 5)

In diesem Psalm begegnen wir zum ersten Mal zwei schwierigen Themen, die aber in den Psalmen noch öfter anzutreffen sind. Zum einen wird Gott hier zum ersten Mal – beinahe lustvoll – zur Bestrafung der Feinde aufgefordert. Immer wieder begegnen uns in den Psalmen wuchtige Verdammungsworte, ja sogar Flüche Feinden gegenüber. Zum anderen begegnet uns in diesen Zusammenhängen stets eine irritierende Selbstgewissheit des Beters, auf jeden Fall und zu 100 % auf der richtigen Seite zu stehen. Während das Herz der Feinde stets überquillt von Niedertracht und Bosheit, finden sich im Herzen des Beters nur Treue zu Gott und Gerechtigkeit. Diese Kombination aus Abscheu und Verachtung auf der einen und Selbstgerechtigkeit auf der anderen Seite ist keine besonders gesunde oder heilige Haltung.

Gibt es im Moment Konflikte in meinem Leben? Einen Streit oder eine Auseinandersetzung? Welche Gedanken und Gefühle toben da aktuell in mir? Was empfinde ich gegenüber der gegnerischen Seite? Und was denke ich über mich und meine Position?

So irritierend viele Worte in den Psalmen über Feinde auch sein mögen, in einer Sache sind sie klar: Es ist nicht egal, wie wir Menschen leben. Gott ist kein unbewegliches Sein über unserem Leben. Sondern Gott ist radikal parteiisch. Er ist ein leidenschaftlicher Streiter für Gerechtigkeit und Wahrheit. Wer andere Menschen kleinmacht, lügt und rücksichtslos lebt, tritt gegen Gott an, macht sich Gott zum Gegner.

Gibt es Bereiche in meinem familiären Umfeld oder in meinem Arbeitsumfeld, wo ich mich – anders als Gott – mit Ungerechtigkeit arrangiert habe? Wo ich Halbwahrheiten hinnehme? Wo ich in einer ethischen Grauzone agiere? In der Stille bitte ich Gott um Vergebung und um Veränderung.

HERR, höre mich, wenn ich bete, vernimm meine Klage!
Höre meinen Hilferuf, mein König und mein Gott,
denn ich bete zu dir. […]
Denn dir, Gott, gefällt keine Gottlosigkeit;
die Gottlosen dürfen nicht in deiner Nähe sein.
Führe mich den rechten Weg, HERR,
damit mich meine Feinde nicht überwältigen. […]
Denn meine Feinde sprechen kein wahres Wort.
Ihr größtes Bestreben ist es, anderen zu schaden.
Ihre Rede ist faul, wie der Gestank aus einem offenen Grab.
Sie ist durch und durch verlogen.
Sprich sie schuldig, Gott.
Lass sie durch ihre eigenen Pläne zu Fall kommen. […]
Du segnest den Gottesfürchtigen, HERR,
und umgibst ihn schützend mit deiner Güte.
(aus Psalm 5)

Schluss *(Seite 117)*

Psalm 5 / II – Treue und Segen
Staffel 3 – Folge 9

Beginn (Seite 116)

HERR, höre mich, wenn ich bete, vernimm meine Klage!
Höre meinen Hilferuf, mein König und mein Gott,
denn ich bete zu dir. [...]
Denn dir, Gott, gefällt keine Gottlosigkeit;
die Gottlosen dürfen nicht in deiner Nähe sein.
Führe mich den rechten Weg, HERR,
damit mich meine Feinde nicht überwältigen. [...]
Denn meine Feinde sprechen kein wahres Wort.
Ihr größtes Bestreben ist es, anderen zu schaden.
Ihre Rede ist faul, wie der Gestank aus einem offenen Grab.
Sie ist durch und durch verlogen.
Sprich sie schuldig, Gott.
Lass sie durch ihre eigenen Pläne zu Fall kommen. [...]
Du segnest den Gottesfürchtigen, HERR,
und umgibst ihn schützend mit deiner Güte.
(aus Psalm 5)

In der letzten Lebensliturgie haben wir gemerkt, dass es wenig ratsam ist, alle Worte dieses Psalms völlig unreflektiert zu unseren eigenen zu machen. Weder ist alles in uns immer nur heilig, treu und gerecht. Noch ist alles an unseren Feinden immer nur falsch, abgründig und bösartig.

Um eigener Selbstgerechtigkeit vorzubeugen, wechseln wir einfach mal die Seite und prüfen, ob von den Worten, die hier über die Feinde gesagt werden, auch etwas auf uns zutrifft.

> *Denn meine Feinde sprechen kein wahres Wort. Ihr größtes Bestreben ist es, anderen zu schaden. Ihre Rede ist faul, wie der Gestank aus einem offenen Grab. Sie ist durch und durch verlogen.*
> (Psalm 5,10)

C. S. Lewis schreibt:

> *Ich hatte […] damit gerechnet, dass man in jener schlichteren und gewalttätigeren Zeit, in der mehr Böses mit dem Dolch, dem Knüppel oder der Fackel verübt wurde, nicht so viel Übles mit Worten angerichtet hätte. In Wirklichkeit ist in den Psalmen von kaum einem Übel häufiger die Rede als von diesem […]. Der ganze Psalter ist voll davon. Man hört förmlich das unaufhörliche Geflüster und Geschnatter, die Lügen, die Beschimpfungen, die Schmeicheleien und die geraunten Gerüchte.*[9]

Wo und wem gegenüber habe ich zuletzt meine Zunge als Waffe eingesetzt? Wo habe ich lieblos oder unbedacht geredet? Wo habe ich gelästert oder Gerüchte weitergetragen? In der Stille bitte ich Gott um Vergebung und zeichne ein kleines Kreuz über meinen Lippen mit der Bitte: „Segne meine Zunge, dass ich heute Gutes sage."

~

So. Jetzt waren wir für eine kleine Weile der Feind. Nun wechseln wir die Seite: „Denn du segnest den Gottesfürchtigen, HERR, und umgibst ihn schützend mit deiner Güte." Mit diesen Worten endet der Psalm.

Gott sieht und wertschätzt unsere Bemühungen, ihm und den Menschen um uns herum treu zu sein. Auf Treue ruht Gottes Segen. Wo wir treu sind, wachsen Beziehungen und Vertrauen.

In der Stille versuche ich, mit eigenen Worten Gott gegenüber meine Treue auszudrücken.

HERR, höre mich, wenn ich bete, vernimm meine Klage!
Höre meinen Hilferuf, mein König und mein Gott,
denn ich bete zu dir. […]
Denn dir, Gott, gefällt keine Gottlosigkeit;
die Gottlosen dürfen nicht in deiner Nähe sein.
Führe mich den rechten Weg, HERR,
damit mich meine Feinde nicht überwältigen. […]
Denn meine Feinde sprechen kein wahres Wort.
Ihr größtes Bestreben ist es, anderen zu schaden.
Ihre Rede ist faul, wie der Gestank aus einem offenen Grab.
Sie ist durch und durch verlogen.
Sprich sie schuldig, Gott.
Lass sie durch ihre eigenen Pläne zu Fall kommen. […]
Du segnest den Gottesfürchtigen, HERR,
und umgibst ihn schützend mit deiner Güte.
(aus Psalm 5)

Schluss *(Seite 117)*

Psalm 6 / I - Selbstzweifel

Staffel 3 – Folge 10

Beginn *(Seite 116)*

Ach HERR, […] strafe mich nicht in deiner Wut!
Hab Erbarmen mit mir, HERR, denn ich bin schwach.
Heile mich, HERR, denn mein Körper leidet Qualen
und mein Herz ist krank. Wie lange noch, HERR?
Komm wieder, HERR, und rette mich.
Hilf mir, weil du so gnädig bist.
Denn wer wird im Tod noch an dich denken?
Wer soll dich aus dem Grab heraus loben?
Ich bin erschöpft vom Klagen.
Die ganze Nacht tränke ich mein Bett mit Tränen,
mein Kissen ist nass vom Weinen. […]
Fort mit euch, die ihr Böses tut,
denn der HERR hat mein Weinen gehört.
Der HERR hat mein Bitten vernommen,
er wird mein Gebet erhören.
(aus Psalm 6)

Wie häufig in den Psalmen begegnen uns auch hier Worte, die in großer Not entstanden sind. Doch hier, in Psalm 6, begegnen uns erstmals Worte eines an sich selbst zweifelnden Beters. Hier betet einer, der um die Brüchigkeit seiner Existenz und seiner Heiligkeit weiß. Von schwerer Krankheit getroffen und von Übeltätern umringt, fragt er sich voll Schrecken: „Was, wenn das Gottes Strafe für meine Sünden, für meine Schuld ist? Für all das Schlechte, das ich im Laufe meines Lebens getan, und für all das Gute, das ich nicht getan habe? Was, wenn Gott mich gerade verwirft?"

Gab es schon einmal Zeiten in meinem Leben, in denen ich mich Ähnliches gefragt habe? Zeiten von Misserfolg, von Krankheit oder von Einsamkeit, in denen ich mich gefragt habe: Ernte ich jetzt, was ich früher gesät habe? War es das? Ist das jetzt meine Zukunft?

~

Wer sich schon mal solchen Fragen gestellt hat, merkt: Unser Leben ist zu arm an großartigen ethischen Leistungen, um Gott dazu zu bringen, unser Schicksal zu wenden. Unser Leben, unsere Erfolge, unsere Taten der Liebe geben nicht genug her, um Gott mit guten Argumenten zu einer Änderung unserer Verhältnisse zu drängen.

Was also tun? Das Gebet – und damit den Kontakt zu Gott – abbrechen? Oder Gott einen Deal anbieten: Wenn er uns heilt, dann werden wir unser Leben ändern und für ihn Großes vollbringen?

Der Beter von Psalm 6 tut etwas anderes: Er flieht vor Gott ... zu Gott hin. Er flieht vor Gott, dem gerechten Richter, zu Gott, dem gnädigen, gütigen Vater.

> *Hab Erbarmen mit mir, HERR, denn ich bin schwach [...].*
> *Komm wieder, HERR, und rette mich. Hilf mir,*
> *weil du so gnädig bist.*
> (Psalm 6,3a.5)

Der Beter lässt alle Versuche der Selbstrechtfertigung und wirft sich mit aller Kraft Gott in die Arme. Er setzt alles darauf, dass Gottes Gnade im Zweifelsfall die Oberhand über seine Gerechtigkeit behält.

„Hilf mir, weil du so gnädig bist." In der Stille setze auch ich alles darauf, dass Gottes Gnade im Zweifelsfall die Oberhand über seine Gerechtigkeit behält.

Ach HERR, […] strafe mich nicht in deiner Wut!
Hab Erbarmen mit mir, HERR, denn ich bin schwach.
Heile mich, HERR, denn mein Körper leidet Qualen
und mein Herz ist krank. Wie lange noch, HERR?
Komm wieder, HERR, und rette mich.
Hilf mir, weil du so gnädig bist.
Denn wer wird im Tod noch an dich denken?
Wer soll dich aus dem Grab heraus loben?
Ich bin erschöpft vom Klagen.
Die ganze Nacht tränke ich mein Bett mit Tränen,
mein Kissen ist nass vom Weinen. […]
Fort mit euch, die ihr Böses tut,
denn der HERR hat mein Weinen gehört.
Der HERR hat mein Bitten vernommen,
er wird mein Gebet erhören.
(aus Psalm 6)

Schluss *(Seite 117)*

Psalm 6 / II - Hoffnung

Staffel 3 – Folge 11

Beginn *(Seite 116)*

Ach HERR, […] strafe mich nicht in deiner Wut!
Hab Erbarmen mit mir, HERR, denn ich bin schwach.
Heile mich, HERR, denn mein Körper leidet Qualen
und mein Herz ist krank. Wie lange noch, HERR?
Komm wieder, HERR, und rette mich.
Hilf mir, weil du so gnädig bist.
Denn wer wird im Tod noch an dich denken?
Wer soll dich aus dem Grab heraus loben?
Ich bin erschöpft vom Klagen.
Die ganze Nacht tränke ich mein Bett mit Tränen,
mein Kissen ist nass vom Weinen. […]
Fort mit euch, die ihr Böses tut,
denn der HERR hat mein Weinen gehört.
Der HERR hat mein Bitten vernommen,
er wird mein Gebet erhören.
(aus Psalm 6)

Als Christen irritieren uns diese Sätze über den Tod: „Denn wer wird im Tod noch an dich denken? Wer soll dich aus dem Grab heraus loben?" Ist nicht gerade der Tod der Ort, wo wir Gott preisen? Oder präziser formuliert: Ist nicht gerade die Ewigkeit, also das, was auf den Tod folgt, der Zustand, in dem Gott alles in allem sein wird? In dem Leben, Freude, Jubel und Lobpreis alles durchdringen?

Viele Bücher des Alten Testaments wissen von einer solchen Hoffnung noch nichts. Zur Zeit der Entstehung der Psalmen spielte die Hoffnung auf ein Leben nach dem Tod keine Rolle. Wer starb, kam in den „Scheol", in das Totenreich, eine Welt der undeutlichen Schatten und des Verfalls. Mehr ein „Nichts" als „Etwas".

Welche Rolle spielt für mich meine Hoffnung auf ein Leben nach dem Tod? Inwiefern leuchtet das, was ich im Licht meines Glaubens an Jesus Christus als Ewigkeit erkenne, in mein Leben hinein? Üben der neue Himmel und die neue Erde auf mich eine Anziehungskraft aus? Warum? Oder warum nicht?

C. S. Lewis schreibt:

> *In Wahrheit scheint es mir so zu sein, dass Glück oder Elend nach dem Tod, allein für sich betrachtet, überhaupt keine religiösen Fragen sind. Wer daran glaubt, tut natürlich gut daran, sich um das eine zu bemühen und das andere zu vermeiden. Aber mit Religion scheint mir das genauso wenig zu tun zu haben wie die Sorge für die eigene Gesundheit oder die finanzielle Vorsorge fürs Alter. […] Es sind ja Hoffnungen für mich selbst und Ängste um mich selbst. Gott steht dabei nicht im Mittelpunkt. […] Zum Glück hat Gott dafür gesorgt, dass ein Glaube dieser selbstsüchtigen Art äußerst schwierig durchzuhalten ist. […] Bei den meisten von uns ist der Glaube an das zukünftige Leben nur dann stark, wenn Gott im Mittelpunkt unserer Gedanken steht.*[10]

Es sind also die Liebe zu Gott und das Verlangen nach seiner Gegenwart, die uns über den Tod hinaus hoffen lassen. Die uns mit Sehnsucht nach ewiger Gottes- und Christus-Gemeinschaft erfüllen.

Steht Gott aktuell im Mittelpunkt meiner Gedanken? Was motiviert meinen Glauben? Hoffe ich auf (irdische oder himmlische) Belohnung? Oder ist es vor allem Liebe zu Gott, die mich treibt? Was motiviert meinen Glauben?

Ach HERR, […] strafe mich nicht in deiner Wut!
Hab Erbarmen mit mir, HERR, denn ich bin schwach.
Heile mich, HERR, denn mein Körper leidet Qualen
und mein Herz ist krank. Wie lange noch, HERR?
Komm wieder, HERR, und rette mich.
Hilf mir, weil du so gnädig bist.
Denn wer wird im Tod noch an dich denken?
Wer soll dich aus dem Grab heraus loben?
Ich bin erschöpft vom Klagen.
Die ganze Nacht tränke ich mein Bett mit Tränen,
mein Kissen ist nass vom Weinen. […]
Fort mit euch, die ihr Böses tut,
denn der HERR hat mein Weinen gehört.
Der HERR hat mein Bitten vernommen,
er wird mein Gebet erhören.
(aus Psalm 6)

Schluss *(Seite 117)*

Psalm 6 / III – Im Glauben wachsen

Staffel 3 – Folge 12

Beginn (Seite 116)

Ach HERR, […] strafe mich nicht in deiner Wut!
Hab Erbarmen mit mir, HERR, denn ich bin schwach.
Heile mich, HERR, denn mein Körper leidet Qualen
und mein Herz ist krank. Wie lange noch, HERR?
Komm wieder, HERR, und rette mich.
Hilf mir, weil du so gnädig bist.
Denn wer wird im Tod noch an dich denken?
Wer soll dich aus dem Grab heraus loben?
Ich bin erschöpft vom Klagen.
Die ganze Nacht tränke ich mein Bett mit Tränen,
mein Kissen ist nass vom Weinen. […]
Fort mit euch, die ihr Böses tut,
denn der HERR hat mein Weinen gehört.
Der HERR hat mein Bitten vernommen,
er wird mein Gebet erhören.
(aus Psalm 6)

Der Stimmungsumschwung kurz vor Ende des Psalms überrascht. „Ach HERR, strafe mich nicht in deiner Wut!" wird hier zum Auftakt gebetet. Dann bricht tiefes Klagen hervor: Krankheit, Schuld und Feinde haben die Gebeine genauso erschrocken wie die Seele. Es geht um Leben oder Tod, der Tod scheint bereits im Vormarsch zu sein. Selbst die Kraft zum Seufzen und der Vorrat an Tränen gehen langsam, aber sicher aus.

Dann, auf einmal, ansatzlos dreht sich die Stimmung komplett. Und der Psalmbeter ruft aus: „Fort mit euch, die ihr Böses tut, denn der HERR hat mein Weinen gehört. Der HERR hat mein Bitten vernommen, er wird mein Gebet erhören." Wie kommt es zu diesem radikalen Stimmungsumschwung?

Eine Möglichkeit ist, dass der Psalm über eine gewisse Zeit gewachsen ist. Zuerst war da Verzweiflung, höchste Not, ein Kampf um Leben und Tod – und die entsprechende Klage. Dann, einige Wochen oder sogar Monate später, nach erfolgter Heilung, Vergebung und Hilfe durch Gott, ergänzt der Beter seine Klage um diese Erhörungsgewissheit. Um sich daran zu erinnern, dass Gott hört und hilft.

Wo habe ich in meinem Leben erlebt, dass Gott gehört und geholfen hat? Ich hole diese kostbaren Erinnerungen hervor, entstaube sie, falls nötig, und lasse mir von ihnen Mut und Zuversicht zuwachsen für aktuelle Anliegen und Nöte.

Eine andere mögliche Ursache für den überraschenden Stimmungsumschwung gegen Ende des Psalms könnte ein gewaltiger Akt des Glaubens sein. Für das Judentum ist eine der zentralsten Stellen in der Thora die Selbstvorstellung Gottes im 2. Buch Mose. Dort zieht Gott auf dem Berg Sinai vor den Augen von Mose vorbei und ruft dabei: „Ich bin der HERR, der barmherzige und gnädige Gott. Meine Geduld, meine Liebe und Treue sind groß" (2.Mose 34,6). Wer diese Worte zur Grundlage seines Glaubens macht und sich für radikales Vertrauen in Gott entscheidet, der kann selbst mitten in größter Not und Bedrängnis mit Zuversicht zu der Erkenntnis kommen: „Der HERR hat mein Bitten vernommen, er wird mein Gebet erhören." Denn schließlich ist Gott barmherzig und gnädig, langmütig und reich an Güte. Es kann also gar nicht anders sein.

Dazu passen die großen, etwas rätselhaften Worte Jesu über das Gebet aus dem Markusevangelium. Dort sagt Jesus: „Alles, was ihr im Gebet erbittet – glaubt, dass ihr es bekommen habt, und ihr werdet es erhalten" (Markus 11,24).

So will ich genau das nun versuchen: mit aller Kraft zu vertrauen und zu glauben, dass Gott auf die angemessene Weise mein Gebet erhört, hilfreich und heilsam, kraftvoll und lebensspendend. Einfach weil Gott barmherzig ist, gnädig, langmütig und reich an Güte.

Ach HERR, […] strafe mich nicht in deiner Wut!
Hab Erbarmen mit mir, HERR, denn ich bin schwach.
Heile mich, HERR, denn mein Körper leidet Qualen
und mein Herz ist krank. Wie lange noch, HERR?
Komm wieder, HERR, und rette mich.
Hilf mir, weil du so gnädig bist.
Denn wer wird im Tod noch an dich denken?
Wer soll dich aus dem Grab heraus loben?
Ich bin erschöpft vom Klagen.
Die ganze Nacht tränke ich mein Bett mit Tränen,
mein Kissen ist nass vom Weinen. […]
Fort mit euch, die ihr Böses tut,
denn der HERR hat mein Weinen gehört.
Der HERR hat mein Bitten vernommen,
er wird mein Gebet erhören.
(aus Psalm 6)

Schluss *(Seite 117)*

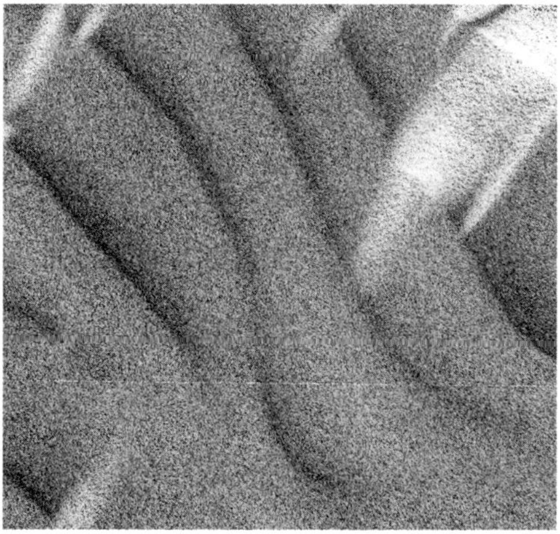

Psalm 7 / I – In der Schwachheit

Staffel 3 – Folge 13

Beginn *(Seite 116)*

HERR, mein Gott, bei dir suche ich Zuflucht.
Hilf mir und rette mich vor meinen Verfolgern. […]
Der HERR richtet die Völker. Sprich mich frei, HERR,
denn ich bin unschuldig, Höchster! […]
Denn du bist ein gerechter Gott
und prüfst die Menschen auf Herzen und Nieren. […]
Der Böse denkt sich Böses aus;
er geht schwanger mit Unrecht und gebiert Lügen.
Er gräbt anderen Gruben und fällt selbst hinein.
Er stiftet Unheil, doch es fällt auf ihn selbst zurück.
Seine bösen Taten werden ihm selbst zum Verhängnis.
Ich will dem HERRN danken, denn er ist gerecht;
ich will den Namen des HERRN, des Höchsten, loben.
(aus Psalm 7)

Wieder geht es in diesem Psalm um Bedrängnis und um Verfolgung. Und wieder wird Gott als Richter angerufen, wird Gerechtigkeit von ihm herbeigesehnt und herbeigebetet.

Wer braucht eigentlich Richter? Die Starken wohl eher nicht. Denn die Starken können für sich selbst sorgen, können sich nehmen, was sie brauchen oder wollen. Für Starke ist Gerechtigkeit sogar eher ein limitierender Faktor, eine Grenze.

Schwache dagegen sind auf gerechte Richter angewiesen. Sie sind bedürftig, spüren die Wucht und die Eigendynamik der Welt da draußen, erleben ihre eigene Begrenztheit – und sind Gott deshalb oft näher.

Jesus sagt: „Für Reiche und Starke ist es schwer, ins Himmelreich einzugehen" (vgl. Markus 10,23). Stattdessen spricht Jesus die Armen und die Schwachen selig (vgl. Lukas 6,20 f.). Und Gott spricht Paulus in die Seele: „Meine Kraft zeigt sich in deiner Schwäche" (2. Korinther 12,9).

An welchen Stellen meines Lebens bin ich schwach und bedürftig?

> *Der HERR richtet die Völker. Sprich mich frei, HERR,*
> *denn ich bin unschuldig.*
> (Psalm 7,9)

Ein solches Gebet ist durchaus riskant. Denn es ist gar nicht so einfach, unschuldig und nach Gottes Willen zu leben. Im Grunde kann ich Gott nur dann um ein gerechtes Urteil bitten, wenn ich ihm mein eigenes Herz und mein eigenes Leben regelmäßig hinhalte. Wenn ich mein Inneres mitsamt den dunklen Flecken und Abgründen immer wieder in Gottes Licht stelle und von ihm her Vergebung, Reinigung und Heilung empfange. Nur so, nur auf diese Weise gereinigt, geheilt und erneuert, kann ich Gott um ein gerechtes Urteil über mich bitten.

„Sprich mich frei, HERR …" Welche dunklen Flecken und Abgründe in meinem Herzen halten mich aktuell davon ab, Gott um ein gerechtes Urteil über mich zu bitten?

HERR, mein Gott, bei dir suche ich Zuflucht.
Hilf mir und rette mich vor meinen Verfolgern. […]
Der HERR richtet die Völker. Sprich mich frei, HERR,
denn ich bin unschuldig, Höchster! […]
Denn du bist ein gerechter Gott
und prüfst die Menschen auf Herzen und Nieren. […]
Der Böse denkt sich Böses aus;
er geht schwanger mit Unrecht und gebiert Lügen.
Er gräbt anderen Gruben und fällt selbst hinein.
Er stiftet Unheil, doch es fällt auf ihn selbst zurück.
Seine bösen Taten werden ihm selbst zum Verhängnis.
Ich will dem HERRN danken, denn er ist gerecht;
ich will den Namen des HERRN, des Höchsten, loben.
(aus Psalm 7)

Schluss *(Seite 117)*

Psalm 7 / II – Sehnsucht nach Gerechtigkeit

Staffel 3 – Folge 14

Beginn (Seite 116)

HERR, mein Gott, bei dir suche ich Zuflucht.
Hilf mir und rette mich vor meinen Verfolgern. [...]
Der HERR richtet die Völker. Sprich mich frei, HERR,
denn ich bin unschuldig, Höchster! [...]
Denn du bist ein gerechter Gott
und prüfst die Menschen auf Herzen und Nieren. [...]
Der Böse denkt sich Böses aus;
er geht schwanger mit Unrecht und gebiert Lügen.
Er gräbt anderen Gruben und fällt selbst hinein.
Er stiftet Unheil, doch es fällt auf ihn selbst zurück.
Seine bösen Taten werden ihm selbst zum Verhängnis.
Ich will dem HERRN danken, denn er ist gerecht;
ich will den Namen des HERRN, des Höchsten, loben.
(aus Psalm 7)

„Er stiftet Unheil, doch es fällt auf ihn selbst zurück." Natürlich gibt es zu dieser Wirklichkeit auch Gegenbeispiele. Psalm 73 zum Beispiel arbeitet sich frustriert am scheinbaren Glück der Gottlosen und Bösen ab.

Aber es gilt eben doch auch erstaunlich oft: „Wie man in den Wald hineinruft, so schallt es heraus." Gott muss häufig nicht erst mühsam Strafen von außen verhängen, sondern die böse Tat trägt die bösen Folgen bereits in sich selbst. Wer lügt, verspielt Vertrauen. Wer andere seine Macht spüren lässt, wird einsam. Wer gierig nach immer mehr Geld oder Vergnügen strebt, wird niemals satt. Es scheint der Ordnung dieser Welt eingestiftet zu sein: Wer anderen eine Grube gräbt, fällt – früher oder später – selbst hinein.

In der Stille gehe ich in Gedanken entweder durch mein eigenes Leben oder durch das Leben eines Menschen aus meinem Umfeld und versuche, diese Gesetzmäßigkeit zu entdecken.

> *Ich will dem HERRN danken, denn er ist gerecht;*
> *ich will den Namen des HERRN, des Höchsten, loben.*
> (Psalm 7,18)

Das Ende des Psalms ist Jubel. Jubel darüber, dass spätestens ganz am Ende alles in dieser Welt von Gott zurechtgebracht werden wird. Dass Gott jede Tat auf angemessene Weise würdigen wird. Dass am Ende nichts offenbleiben wird, dass kein böses Tun triumphierend übrig bleiben wird.

In der Stille halte ich mir besonders dramatische Ungerechtigkeiten vor Augen – sei es in meinem direkten Umfeld oder da draußen in der Welt. Ich bitte Gott um sein gerechtes, richtendes Eingreifen und lobe Gott abschließend für seine Gerechtigkeit.

HERR, mein Gott, bei dir suche ich Zuflucht.
Hilf mir und rette mich vor meinen Verfolgern. [...]
Der HERR richtet die Völker. Sprich mich frei, HERR,
denn ich bin unschuldig, Höchster! [...]
Denn du bist ein gerechter Gott
und prüfst die Menschen auf Herzen und Nieren. [...]
Der Böse denkt sich Böses aus;
er geht schwanger mit Unrecht und gebiert Lügen.
Er gräbt anderen Gruben und fällt selbst hinein.
Er stiftet Unheil, doch es fällt auf ihn selbst zurück.
Seine bösen Taten werden ihm selbst zum Verhängnis.
Ich will dem HERRN danken, denn er ist gerecht;
ich will den Namen des HERRN, des Höchsten, loben.
(aus Psalm 7)

Schluss *(Seite 117)*

Online findest du weitere Folgen aus
Staffel 3 – KlosterPsalmen

vier

Teresa erzählt
(Staffel 4)

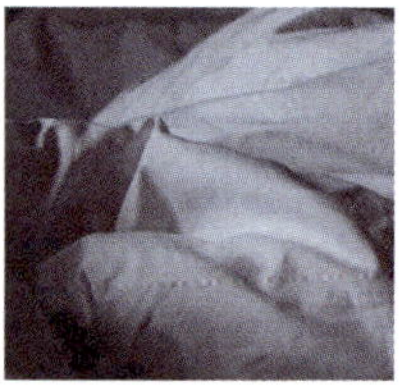

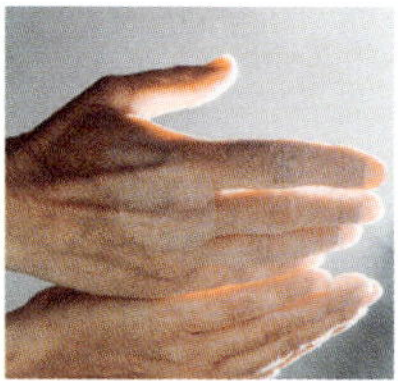

Beginn

Zu Beginn meines Betens lege ich zur Seite, was mich beschäftigt, und lasse es ruhig werden in mir.

Ich atme langsam und bewusst.
Ich sammle mich und bin ganz da.

Herr, auch du bist da, wohnst in mir
und füllst mich mit deiner Liebe.

Ein Gebet von Paulus:

**Und so knie ich nieder vor dem Vater,
dem wahren Ursprung von allem,
der unerschöpflich reich ist an Macht und Herrlichkeit.
Mein Gebet ist, dass Christus aufgrund des Glaubens
in euren Herzen wohnt
und euer Leben fest in der Liebe verwurzelt ist.
Das wird euch dazu befähigen, die Liebe Christi zu erfassen
in all ihren Dimensionen
in voller Breite, in voller Länge,
in ganzer Tiefe und all ihrer Höhe.
Ja, ich bete darum,
dass ihr seine Liebe versteht, die doch weit über
alles Verstehen hinausreicht,
und dass ihr auf diese Weise mehr und mehr
mit der ganzen Fülle des Lebens erfüllt werdet,
das bei Gott zu finden ist.
Ihm, der mit seiner unerschöpflichen Kraft in uns am Werk ist
und unendlich viel mehr zu tun vermag,
als wir erbitten oder begreifen können,
ihm gebührt durch Jesus Christus die Ehre in der Gemeinde
von Generation zu Generation
und für immer und ewig.
Amen.**

(aus Epheser 3)

Schluss

Oh Heiliger Geist,
komm in mein Leben und erfülle mich!
Ich für mich bin nichts weiter als ein leeres,
zerbrechliches Gefäß:
Erfülle mich,
auf dass ich ein Leben aus deiner Kraft lebe.
Ein Leben voller Güte und Wahrheit, ein Leben
voller Schönheit und Liebe, ein Leben voller
Weisheit, Geduld und Stärke.
Aber vor allem:
Lass Christus in mir Gestalt gewinnen!
Hilf den Thron in meinem Herzen räumen und
mache Christus zu meinem Herrn und König,
auf dass wir eine Einheit werden:
er in mir und ich in ihm.
Heute und an allen Tagen.
Und in Ewigkeit.
Amen.

Ich gehe in diesen Tag mit Worten von Teresa:

Nichts soll dich verwirren,
nichts dich erschrecken.
Alles vergeht, Gott aber ändert sich nicht.
Gott allein genügt.
Wer ihn hat, dem wird nichts fehlen.

Vater und Mutter

Staffel 4 – Folge 1

Beginn (Seite 176)

An einem Mittwoch im März, im Jahr 1515, wird Teresa geboren. Sie wird hineingeboren in eine väterlicherseits eigentlich jüdische Familie. Ihr Großvater, ein reicher jüdischer Kaufmann, war dreißig Jahre zuvor jedoch mit seiner ganzen Familie zum Christentum übergetreten – auf massiven Druck der Inquisition hin. Während Don Alonso, ihr Vater, also noch nicht allzu lange Christ war, stammt Teresas Mutter Beatriz aus einer alten christlichen Familie.

Über ihre Eltern schreibt Teresa nur Gutes:

> *Mein Vater las mit Hingabe gute Bücher, und so besaß er welche in der Muttersprache, damit sie seine Kinder lesen sollten. Diese Bücher, zusammen mit der Sorge, die sich meine Mutter machte, um uns zum Beten zu bringen und zur Verehrung Unserer Lieben Frau und einiger Heiliger anzuhalten, begannen mich schon im Alter von, ich glaube, sechs oder sieben Jahren aufzuwecken. […] Mein Vater war ein Mensch von großer Liebe zu den Armen und viel Mitgefühl mit den Kranken und sogar mit den Bediensteten. […] Er war sehr wahrhaftig. Niemals sah ihn jemand schwören oder lästern. Und sehr ehrenwert, in jeder Hinsicht. Auch meine Mutter hatte viele Tugenden, und machte ihr ganzes Leben lang viele Krankheiten durch, sie war von höchster Ehrsamkeit. Obwohl von großer Schönheit, gab sie niemals zu erkennen, daß das für sie ein Anlaß gewesen wäre, etwas aus sich zu machen.*[11]

Ich glaube Teresa ihre Worte. Und doch frage ich mich: Waren ihre beiden Eltern wirklich nur gut und tugendhaft? Oder idealisiert Teresa hier, lässt sie manches weg, breitet den Mantel der Barmherzigkeit und des Schweigens über manche Ecken und Kanten?
Wie ist das mit Blick auf meine Eltern? Wie sehe ich sie? Mit welchen Worten würde ich in einer Autobiografie über sie schreiben? In der Stille suche ich nach Worten, mit denen ich meine Eltern beschreiben würde. Ich bemühe mich dabei um möglichst viel Barmherzigkeit und einen liebevollen, dankbaren Blick.

Schluss *(Seite 178)*

Guter Umgang

Staffel 4 – Folge 2

Beginn (Seite 176)

Als Teresa ihren Lebensrückblick schreibt, ist sie bereits eine reife Frau. Eine Menge Lebensherausforderungen und tiefe Begegnungen mit Gott haben sie geprägt und in ihr eine bestimmte heilige innere Haltung und eine heilige Sehnsucht geformt. Im Rückblick vermisst sie diese heilige Haltung und Sehnsucht bei sich als Kind und als Jugendliche. Entsprechend beschreibt sie ihre Kindheit und Jugend fast ausschließlich als eine Zeit voller Irrtümer und Sünde.

Teresa ist der Überzeugung, dass Vorbilder in der Kindheit eine sehr große Rolle spielen. Ihre Eltern waren für sie ein sehr positives Vorbild. Von einem negativen Vorbild schreibt sie mit Blick auf eine ihrer vielen Cousinen. Beide waren für die Zeit ihrer frühen Jugend beste Freundinnen, verbrachten viel Zeit miteinander und tauschten am laufenden Band Geheimnisse aus.

> *Wenn ich einen guten Rat zu geben hätte, dann würde ich den Eltern sagen, daß sie bei ihren Kindern in diesem Alter sehr darauf achten sollen, mit wem sie zusammen sind; denn ein großes Übel liegt darin, daß unsere Natur eher auf das Schlechte als auf das Gute aus ist.*
>
> *So erging es mir. Ich hatte eine viel ältere Schwester, doch von deren Sittsamkeit und Gutheit – die sie in hohem Maße besaß – nahm ich nichts an. Dafür nahm ich alles, was mir schadete, von einer Verwandten an, die oft in unserem Haus verkehrte. [...] Zu dieser besagten Verwandten faßte ich Zuneigung. Mit ihr beredete und besprach ich alles, denn sie war bei allem, was ich als Zeitvertreib nur machen wollte, mit dabei und zog mich sogar noch tiefer hinein, da sie mich an ihren Unterhaltungen und Dummheiten beteiligte.*[12]

Teresa war zu dieser Zeit etwa vierzehn Jahre alt, was damals bedeutete, dass sie in einem heiratsfähigen Alter war. Und sie muss eine Schönheit gewesen sein. Noch als fünfzigjährige Nonne erinnert sie sich mit einer gewissen Wehmut an die vielen „natürlichen Reize", die sie als junge Frau gehabt hatte. Dazu kam, dass Teresa von Beginn ihres Lebens an die Gabe hatte, beliebt zu sein. Wo auch immer sie hinkam und wem sie begegnete – fast immer entwickelten Menschen ihr gegenüber große Sympathie und Zuneigung.

Die Zeit, die Teresa und ihre beste Freundin damals mit „Dummheiten" verbrachten, war allerdings stark begrenzt – und zwar durch den Tod von Teresas Mutter. Ihr nun verwitweter Vater war mit den zwölf Kindern überfordert und suchte nach Wegen in die Zukunft für seine Kinder. Für die Söhne war geplant, dass sie nach Westindien auswandern. Für Teresa – wie auch für alle anderen jungen Frauen im Spanien der damaligen Zeit – gab es im Grunde nur zwei Möglichkeiten: heiraten oder ins Kloster gehen. Don Alonso, Teresas Vater, entschied sich für die Option Kloster und gab Teresa in die Obhut der Augustinerschwestern in Ávila – was das Ende der Freundschaft von Teresa mit ihrer Cousine Ines war.

> *Da es im Kloster an Gelegenheit fehlte, hörte das bald auf und meine Seele begann sich erneut an das Gute meiner frühen Kindheit zu gewöhnen und ich sah die große Gnade, die Gott dem erweist, den er in die Gesellschaft von Guten versetzt.*[13]

Gemeinsam mit Gott schaue ich auf meine Kindheit und Jugend zurück. Welche Menschen haben mich besonders geprägt? Ich lasse mir von Gott eine bestimmte Person zeigen und bete für sie.

Schluss *(Seite 178)*

Durchhalten
Staffel 4 – Folge 3

Beginn (Seite 176)

Im Alter von sechzehn Jahren gibt Don Alonso seine Tochter Teresa zur weiteren Erziehung in die Obhut der Augustinerschwestern in Ávila, wie wir bereits in der vorherigen Lebensliturgie gelernt haben. Das Klosterleben ist für Teresa ein Schock. Sie, die voller Lebenslust und Lebensdurst steckt, sich gerne schminkt und schön anzieht, darf nun nur noch ein einfaches, farbloses Kleid tragen und muss sich in das strenge geistliche Leben des Klosters einfügen.

Aufgrund von massiven gesundheitlichen Problemen – vermutlich wehrt sich ihre Seele körperlich – kehrt Teresa nach nur 18 Monaten in das Haus ihres Vaters zurück. Aber eine wirkliche Alternative zum Leben im Kloster kann sie nicht erkennen – zumal sie innerlich mit Höllenfurcht ringt und sich einredet, dass die Qualen eines Lebens im Kloster immer noch besser sind als die Qualen des Fegefeuers, die ansonsten drohen würden.

Und so tritt sie wenige Jahre später, als einundzwanzigjährige Frau, in ein anderes Kloster, in das Kloster zur Menschwerdung der Karmelitinnen ein. Diesmal nicht nur als Klosterschülerin, sondern so richtig, mit dem Ziel, Nonne zu werden.

Aber wie schon wenige Jahre zuvor fühlt sie sich auch hier unwohl und fehl am Platz. All die Gebete und geistlichen Übungen geben ihr nichts, ihr Herz bleibt kalt. So sehnt sie sich Tag für Tag nach der Rückkehr in das Haus ihres Vaters.

> *Ich erinnere mich, […] daß der Schmerz, den ich empfand, als ich das Haus meines Vaters verließ, wie ich glaube, nicht stärker sein kann, als wenn ich stürbe, denn mir scheint, daß sich mir jeder Knochen von sich aus loslöste. Da nämlich noch keine Gottesliebe da war, die die Liebe zum Vater und zu den Verwandten aufgehoben hätte, bedeutete das Ganze eine große Gewaltanwendung.*[14]

Ein furchtbar schweres und langes Jahr nach ihrem Eintritt ins Kloster geht Teresa den nächsten Schritt: Sie beginnt das Noviziat, eine Zeit der Vorbereitung auf das Leben als Nonne. Und wie durch ein Wunder verändert dieser Schritt ihr inneres Erleben.

> *Sobald ich mit dem Habit eingekleidet wurde, gab mir der Herr bald schon zu verstehen, wie sehr er denen beisteht, die sich Gewalt antun, um ihm zu dienen. […] Sofort verspürte ich ein großes inneres Glück, in jener Lebensform zu stehen, das mich bis heute nie mehr verlassen hat, und Gott wandelte die Trockenheit meiner Seele in tiefste Beseeligung.*[15]

Nicht, dass nun auf einmal alles gut ist. Teresa braucht schon noch einige weitere Wunder. Im Rückblick schreibt sie mit Blick auf diese Zeit:

> *Meines Erachtens hatte ich damals noch keine Gottesliebe, wie ich sie später zu haben glaubte, sondern nur ein inneres Licht, in dem mir alles, was vergänglich war, wenig erstrebenswert erschien.*[16]

Teresa wird hier also nicht über Nacht von einer Unwilligen zur Heiligen. Aber sie erlebt, wie Gott nach einer langen, harten, schweren Zeit endlich eingreift und sich zu ihrer Entscheidung für ein Leben im Kloster stellt.

Gab es Vergleichbares auch in meinem Leben? Dass Gott eine Entscheidung von mir oder eine Lebenssituation erst nach einer langen Durststrecke mit Zufriedenheit und Freude gefüllt hat?

Schluss *(Seite 178)*

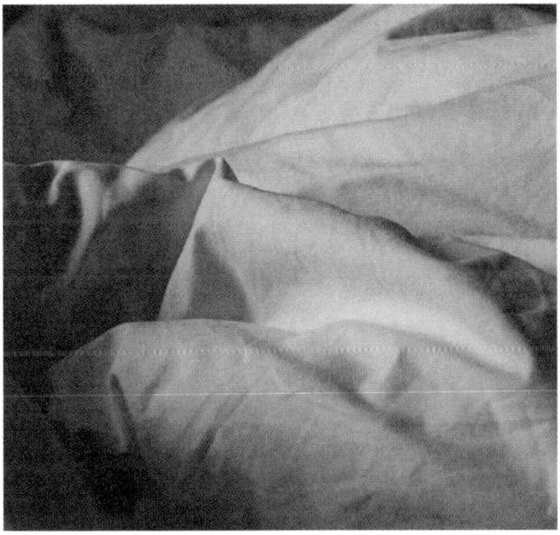

Krankheit

Staffel 4 – Folge 4

Beginn *(Seite 176)*

Ähnlich wie die Gesundheit ihrer Mutter war auch Teresas Gesundheit von Beginn ihres Lebens an sehr fragil. Kurz nach Beginn ihres Noviziats aber nehmen die gesundheitlichen Probleme immer mehr zu. Als auch die Ärzte in Ávila vor einem Rätsel stehen, bringt ihr Vater sie zu einer entfernten Heilerin.

> *Ich verbrachte drei Monate an diesem Ort unter schrecklichsten Qualen, weil die Kur strenger war, als es meine körperliche Verfassung verlangte. Nach zwei Monaten war ich kraft der Medikamente mit dem Leben fast am Ende und die Schärfe meines Herzleidens hatte sich sogar noch verschlimmert, so dass es mir manchmal vorkam, als würde man mir das Herz mit scharfen Zähnen ausreißen.*[17]

Als Don Alonso, Teresas Vater, dies erkennt, bringt er seine Tochter wieder zurück nach Ávila in die Obhut der dortigen Ärzte. Diese aber können nichts mehr für sie tun.

> *Alle gaben mich auf, denn sie sagten, dass ich über diese Krankheit hinaus auch noch schwindsüchtig war. Daraus machte ich mir allerdings nicht viel. Es waren die Schmerzen, die mich aufrieben, denn mein ganzer Körper tat mir dauernd weh, vom Kopf bis zu den Füßen. Nervenschmerzen sind nach Aussage der Ärzte ohnehin unerträglich, und weil sich meine alle verkrampften, war es ohne Frage eine harte Qual […]. Unter dieser Quälerei dürfte ich wohl kaum länger als drei Monate gelitten haben, denn es schien unmöglich, so viele Leiden auf einmal aushalten zu können.*[18]

Als Teresas Körper schließlich von einer Lähmung befallen wird und sie dauerhaft das Bewusstsein verliert, erklären die Ärzte sie irgendwann für tot. Wie bei Toten üblich werden ihre Augen mit Kerzenwachs verschlossen. Hätte die Beerdigung sich nicht verzögert, wäre Teresa lebendig begraben worden. So aber erleben ihre Mitschwestern voll Erschrecken und Staunen, wie nach drei Tagen Teresas Bewusstsein zurückkehrt – wobei sich an Teresas Gesundheitszustand erst einmal nichts verbessert.

> *Nur der Herr kann ermessen, welch unerträgliche Qualen ich erlitt. Meine Zunge zerbissen, die Kehle nicht minder, weil ich nichts geschluckt hatte und so geschwächt war, daß ich zu ersticken drohte. […] Ich kam mir ganz aufgelöst vor, im Kopf ganz verwirrt und ganz zusammengekrampft. […] Ich glaube, nur einen Finger der rechten Hand konnte ich noch bewegen. […] Körperlich war ich schlechter dran als eine Leiche. Dass es mir so erging, dauerte mehr als acht Monate, gelähmt zu sein fast drei Jahre. Als ich auf allen vieren zu kriechen begann, pries ich Gott.*[19]

Welche Erfahrungen habe ich bisher mit Krankheit gemacht? In der Stille spreche ich mit Gott über Zeiten der Krankheit, aber auch über Zeiten, in denen ich gesund bin oder war.

Schluss *(Seite 178)*

In der eigenen Berufung leben

Staffel 4 – Folge 5

Beginn (Seite 176)

Mit siebenundzwanzig Jahren beginnt Teresa nach ihrer langen und schweren Krankheitszeit wieder am klösterlichen Leben im Menschwerdungskloster in Ávila teilzunehmen. Schon bald aber zerreißt es sie dort fast. Auf der einen Seite ist da in ihr der feine Ruf in die stille Hingabe an Jesus, der Lockruf des inneren, stillen Betens. Auf der anderen Seite steht der trubelige, für klösterliche Verhältnisse recht weltliche Alltag dort.

Denn: Das Menschwerdungskloster in Ávila bot nicht nur hingegebenen Gottsucherinnen eine Heimat, sondern auch – vielleicht sogar vor allem – Töchtern aus adligen Familien, die auf dem Heiratsmarkt leer ausgegangen waren. Viele der Frauen dort waren Nonnen geworden, weil ihnen nichts anderes übrig blieb. Sie fanden keine Erfüllung in Stille, Abgeschiedenheit, Gebet und Gehorsam. Aus diesem Grund gab es für dieses Kloster keine strenge Klausur, also keine strenge Trennung von der Welt. Die Schwestern durften Besuche von außen empfangen – und wenn die Besuchszeiten nicht ausreichten, schlichen viele sich nachts heimlich aus ihren Zimmern, um durch einen Spalt in der Mauer mit Freundinnen oder Verwandten zu reden.

Hinzu kam eine Mehrklassengesellschaft innerhalb des Klosters. Während die ärmeren Schwestern sich einen großen, sehr einfach gehaltenen Schlafsaal teilten, hatten die Schwestern aus reichen Familien eigene kleine Wohnungen, manche sogar mit Bediensteten.

> *Es ist geradezu schade um die vielen, die sich aus der Welt zurückziehen möchten und sich in der Meinung, auf diese Weise dem Herrn zu dienen und sich aus den Gefahren der Welt zurückzuziehen, in zehn Welten zugleich vorfinden, so daß sie*

weder ein noch aus wissen. Ihre Jugend, ihre Gefühlswelt und der Böse umwerben und bewegen sie, manchen Dingen nachzulaufen, die genau der Welt entsprechen. [...] Welch gewaltiges Unheil in den Orden [...], wo man die Ordensregel nicht hält, wo es in einem Kloster zwei Wege gibt: Tugend und Observanz und Fehlen von Observanz, und beide fast gleichberechtigt sind. [...] Der einer wahren Observanz wird selten begangen, so daß der Bruder oder die Schwester, die wirklich anfangen möchten, ihre Berufung vollständig zu leben, die Leute im eigenen Haus mehr fürchten müssen als alle Dämonen.[20]

Teresa erlebt, wie es sie zunehmend hineinzieht in all die Ablenkungen und Möglichkeiten im Kloster. Sie findet nicht mehr hinein in den vertrauten, liebevollen Umgang mit Gott, der sich aus der Stille speist, findet nicht mehr hinein in das, was ihr eigentlich so viel bedeutet und was sie als ihre innerste Berufung spürt. Stattdessen verliert sie sich in Äußerlichkeiten und Freundschaften mit anderen Schwestern. Die innere Leere und die Schuldgefühle, die sie deshalb empfindet, entfremden sie nur noch mehr von Gott.

So begann ich also, von Zeitvertreib zu Zeitvertreib, von Eitelkeit zu Eitelkeit, von Gelegenheit zu Gelegenheit mich sehr bedenklichen Gelegenheiten so stark auszusetzen und meine Seele in so viele Eitelkeiten zu verstricken, daß ich mich sogar schämte, mich in einer so besonderen Freundschaft, wie es das Verweilen im Gebet ist, Gott erneut zuzuwenden. [...] Das war der schrecklichste Irrtum, [...] daß ich nämlich begann, mich vor dem inneren Beten zu fürchten, da ich mir so verloren vorkam.[21]

Spüre ich in meinem Leben eine besondere Berufung von Gott her: eine besondere Begabung und Leidenschaft, in der ich mich selbst als lebendig und Gott als nah erlebe? Lebe ich diese Berufung aktuell? Falls nein: Was hält oder lenkt mich davon ab?

***Schluss** (Seite 178)*

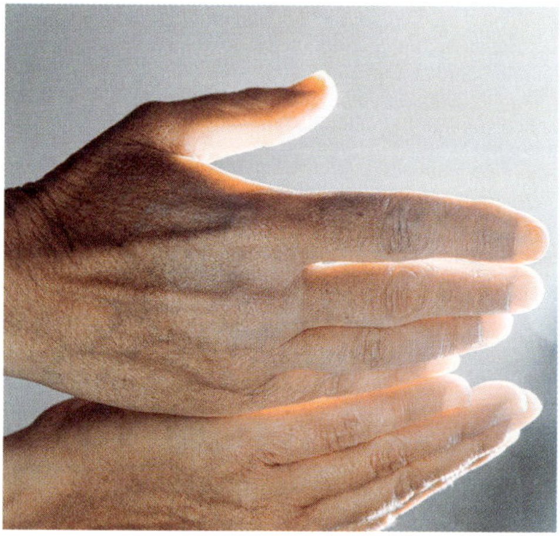

Das innere Beten – die Anfänge

Staffel 4 – Folge 6

Beginn *(Seite 176)*

Das innere Beten ist Teresas besondere Berufung – schon von Jugend an. Noch bevor sie ins Kloster eintritt und noch bevor sie weiß, was inneres Beten eigentlich ist, praktiziert sie es:

> *Viele Jahre lang dachte ich an den meisten Abenden vor dem Einschlafen, wenn ich mich zum Schlafen Gott empfahl, immer wieder eine Weile an den Abschnitt des Gebetes Jesu im Ölgarten, noch bevor ich im Kloster war […]. Ich versuchte, mir Christus in meinem Innern vorzustellen, und – wie mir schien – ging es mir damit an jenen Stellen besser, wo ich ihn am einsamsten erlebte. Mir schien, dass er mich, wenn er einsam und niedergeschlagen war, als einer, der in Nöten ist, zu sich lassen müsste. Und ich bin überzeugt, dass meine Seele sehr großen Gewinn davon hatte, denn so begann ich, inneres Beten zu halten, ohne zu wissen, was das war, und die so eingespielte Gewohnheit bewirkte, dass ich das nicht unterließ.*[22]

Zu Beginn ihrer langen Krankheitszeit bekommt sie das Buch „Das geistliche ABC" von Franziskus von Osuna in die Hände. Dort liest sie Worte wie diese:

> *In dieser Art des Betens verstummen wir in tiefer Ruhe und öffnen uns Gott in demütiger, aufrichtiger Hingabe. Es geht Gott nicht primär darum, dass du dich ihm gibst, sondern dass er sich dir schenkt, weil du ohne ihn nichts ausrichtest. Bittet man dich also, Gott zu lieben, so ist das, als bäte man dich, die Fülle seiner Gaben zu empfangen. Seine Liebe, die du erfährst, kommt niemals an ein Ende. Wenn wir Gott lieben, geben wir die Liebe also nur ihrer Quelle zurück. Wir sind dann wie die Brandung des Meeres, da wir die anbrandenden Liebeswogen*

> *Gottes mit aller Kraft zurückwerfen zur Quelle, von der sie ausgingen.*[23]

In diesen Worten liest sie, was sie in sich schon seit Langem ahnt: dass Beten mehr und etwas anderes ist als das bloße, kühle Aufsagen von Gebetsworten. Sie selbst definiert inneres Beten in ihrer Autobiografie so:

> *Meiner Meinung nach ist inneres Beten nichts anderes als Verweilen bei einem Freund, mit dem wir oft allein zusammenkommen, einfach um bei ihm zu sein, weil wir sicher wissen, dass er uns liebt.*[24]

Einfach weil es so gut ist, hier das Zitat noch einmal:

> *Meiner Meinung nach ist inneres Beten nichts anderes als Verweilen bei einem Freund, mit dem wir oft allein zusammenkommen, einfach um bei ihm zu sein, weil wir sicher wissen, dass er uns liebt.*

Wie habe ich Gebet bisher erlebt? Was begeistert mich am Beten und was macht mir Mühe? Wonach sehne ich mich?

Schluss *(Seite 178)*

Das innere Beten – Zerstreuungen

Staffel 4 – Folge 7

Beginn (Seite 176)

Wie schon erwähnt, war das innere Beten schon sehr früh ein Thema für Teresa. Zugleich aber hat sie genau damit über viele Jahre zu kämpfen. Das eine, was ihr vor allem in den Anfangsjahren Mühe macht, sind die vielen Zerstreuungen, die sie während des Betens immer wieder ablenken. Kaum nimmt sie sich eine Auszeit zum Gebet, stürmen alle möglichen Gedanken auf sie ein. Teresa schweift immer wieder ab, muss sich selbst wieder und wieder einsammeln und zurückholen ins Gebet, in die Gegenwart vor Gott.

> *Ich sage, daß es mir manchmal zustößt – und heute war es wieder so –, daß ich erlebe, wie sich meine Seele zerreißt, um sich ganz und gar [...] [bei Gott] zu erleben, dies aber unmöglich ist, sondern ihr statt dessen Gedächtnis und Vorstellungskraft einen solchen Kampf liefern, daß sie [die Seele] nicht hochkommen lassen. [...] [Die Erinnerungskraft] bleibt bei nichts stehen, sondern schwirrt vom einem zum anderen, so daß sie wie einer dieser lästigen, unruhigen kleinen Nachtfalter erscheint.*[25]

Weil Teresa das entmutigt, lässt sie das innere Beten öfter schleifen und bleibt während des Betens nur an der Oberfläche.

> *Ganz, ganz oft gab ich einige Jahre lang mehr auf mein Verlangen Acht, daß die Zeit, die ich mir zu bleiben vorgenommen hatte, bald zu Ende ginge, und darauf, auf das Schlagen der Uhr zu lauschen.*[26]

Als Gegenmittel gegen Oberflächlichkeit und Zerstreuung entdeckt sie zum einen die Kraft ihres Willens. Mithilfe ihres Willens bringt sie ihre Gedanken und ihr Inneres immer wieder zurück in die Ausrichtung auf Gott – mögen die Gedanken ihr auch noch so oft davonjagen.

Sie merkt aber, dass sie noch mehr braucht, dass sie noch andere Hilfsmittel braucht, die ihr den inneren Fokus auf Gott stärken. Für Teresa sind das die Kommunion bzw. das Abendmahl, dann das Betrachten geistlicher Gemälde, das Lesen geistlicher Bücher und das aufmerksame Betrachten der Natur. All das hilft ihr aus der Zerstreuung und dem Vielerlei hinein in eine liebevolle innere Ausrichtung auf Gott.

Was hilft mir gegen innere Zerstreutheit? Und was stärkt mein Gebet, meine innere Ausrichtung auf Gott?

Schluss *(Seite 178)*

Das innere Beten – Krise

Staffel 4 – Folge 8

Beginn *(Seite 176)*

Zerstreutheiten sind das eine, was Teresa beim inneren Beten zusetzt. Viel stärker noch als mancher Misserfolg beim inneren Beten setzt ihr jedoch das Gelingen inneren Betens zu. Immer wieder einmal erlebt sie während ihres Betens Gott auf radikal wunderbare Weise: Sie wird von Gottes Liebe und Freundschaft regelrecht umflutet und überspült. Für kurze Zeit erkennt sie mit all ihrem Sein: Gott ist ihr mit seiner ganzen göttlichen Liebe zugetan, Gott sieht sie, Gott kümmert sich. In diesen Momenten verschwinden aus ihr alle Zweifel, alles Drehen um sich selbst, alle Furcht, alle irdischen Sorgen, alles Bedürfnis nach seichtem Zeitvertreib.

Dann aber, kaum dass sie aus dieser besonderen Gemeinschaft mit Gott zurückgekehrt ist, ist all dieses allzu Irdische wieder da. Diese gelebte Inkonsequenz der Liebe Gottes gegenüber setzt ihr massiv zu und bedrängt sie. In einer Frühphase gibt sie das innere Beten deshalb für eine gewisse Zeit auf.

> *Ich schämte mich, mich in einer so besonderen Freundschaft, wie es das Verweilen im Gebet ist, Gott erneut zuzuwenden. […] Es schien mir besser zu sein, mich so zu verhalten wie die vielen […] und nur mündlich die Gebete zu verrichten, zu denen ich verpflichtet war, und nicht mehr mit dem inneren Beten und dem innigen Verweilen bei Gott weiterzumachen.*[27]

Damit aber schneidet sich Teresa von ihrer Lebensader ab. Als sie einige Zeit später das Kloster vorübergehend verlässt, um ihrem Vater in dessen letzten Lebenstagen beizustehen, schreibt sie:

> *Ich ging nach Hause, um ihn zu pflegen, an meiner Seele kränker als er an seinem Leib.*[28]

Kurze Zeit darauf trifft sie einen Priester, mit dem sie über ihre Seelennot spricht. Der ermutigt sie, mit dem inneren Beten wieder anzufangen. Das verschafft Teresa auf der einen Seite Erleichterung: endlich wieder Zeit mit ihrem geliebten Herrn! Endlich wieder gelebte Freundschaft mit Gott! Zugleich erlebt sie dadurch erneut ihre eigene Unfähigkeit, ein Leben zu führen, das der Liebe Gottes angemessen ist.

> *Ich führte nun ein äußerst zermürbendes Leben. [...] Einerseits rief Gott mich immer wieder, andererseits lief ich der Welt nach. Alles, was mit Gott zu tun hatte, machte mich ganz glücklich, aber zugleich hielten mich die weltlichen Dinge gefangen. [...] So trieb ich mich fast zwanzig Jahre auf diesem stürmischen Meer herum mit diesem Fallen und Aufstehen. [...] Ich kann nur sagen, daß das eine der mühseligsten Lebensweisen ist, die man sich meines Erachtens vorstellen kann, denn weder erfreute ich mich Gottes, noch fand ich in der Welt mein Glück.*[29]

In der Stille bringe ich vor Gott, welche schlechten Gewohnheiten mir immer wieder zusetzen und mir die Freude an Gottes Gegenwart rauben. Ich sage ihm, wonach ich mich sehne und worum ich ihn bitte.

Schluss *(Seite 178)*

Das innere Beten – Durchbruch

Staffel 4 – Folge 9

Beginn (Seite 176)

Und so schleppt Teresa sich über viele Jahre dahin, hinkend auf beiden Seiten: halb Gott zugewandt und halb der Welt; halb hingegeben im inneren Gebet und halb zerstreut.

> *Ich führte nun ein äußerst zermürbendes Leben. [...] Einerseits rief Gott mich immer wieder, andererseits lief ich der Welt nach. [...] So verbrachte ich viele Jahre, so daß ich jetzt nur so staune, was ein Mensch durchhält, um weder das eine noch das andere aufzugeben.*[30]

Dann, endlich, nach scheinbar endlosen Tagen voller Aufstehen und Fallen und Wieder-Aufstehen und Wieder-Fallen erlebt Teresa einen geistlichen Durchbruch. Ist es göttliche Belohnung für ihre Hartnäckigkeit und ihr Nicht-Aufgeben? Oder reines, unverfügbares Geschenk, das Gott manchen Menschen auf besondere Weise zuteilwerden lässt? Oder von beidem etwas?

Im Anmarschweg auf Ostern, in der Fastenzeit des Jahres 1554 – Teresa ist zu diesem Zeitpunkt bereits neununddreißig Jahre alt – sieht Teresa in ihrem Kloster ein Bild oder eine Skulptur des misshandelten Jesus. Obwohl sie solche Bilder schon oft in ihrem Leben gesehen hat, ist es diesmal anders:

> *Da geschah es mir, daß ich eines Tages beim Eintritt in den Gebetsraum ein Bild sah […]: Es war das Bild eines ganz mit Wunden bedeckten Christus und so andachtserweckend, daß es mich beim Anblick zutiefst erschütterte, ihn so zu sehen, denn es stellte gut dar, was er für uns gelitten hatte. Das, was ich empfand, weil ich mich für diese Wunden kaum dankbar gezeigt hatte, war so gewaltig, daß es mir war, als würde es mir das Herz zerreißen. Aufgelöst in Tränen warf ich mich vor ihm nieder und flehte ihn an, mir ein für allemal die Kraft zu geben, ihn nicht mehr zu beleidigen. […] Ich hatte zu mir kaum noch Vertrauen, sondern setzte mein ganzes Vertrauen auf Gott. Ich glaube, ich habe ihm damals gesagt, daß ich von dort nicht mehr aufstehen würde, bis er tat, worum ich ihn anflehte. Ich glaube sicher, daß mir das geholfen hat, denn seitdem ging es viel besser mit mir.*[31]

Gab es auch in meinem Glauben solche Durchbrüche? Vielleicht nicht so spektakulär und tiefenwirksam wie bei Teresa, aber doch Momente oder Erlebnisse, nach denen etwas anders war? Nach denen ich mehr innere Klarheit und mehr inneren Frieden verspürte? Die mir den Glauben, die Hoffnung und die Liebe gestärkt haben? In der Stille danke ich Gott dafür.

Schluss *(Seite 178)*

Inneres Beten – was ist das eigentlich?

Staffel 4 – Folge 10

Beginn (Seite 176)

Teresa schwärmt vom inneren Beten. Das innere Beten ist ihr Fundament, Zentrum, Rettung, Inspiration. Teresa wird von der katholischen Kirche als „Lehrerin des Betens" bezeichnet. Was aber ist dieses innere Beten eigentlich?

Die Antwort ist ... nun ... gar nicht so einfach. Weil Teresa die Bezeichnung „inneres Beten" mindestens in einem zweifachen Sinn gebraucht: zum einen als eine besondere mystische Gebetsstufe, als ein besonders inniges Erleben von Gottesnähe, als einen Zustand des Erfülltseins mit göttlicher Ruhe, Frieden und Glück.

An anderen Stellen beschreibt Teresa mit „innerem Beten" eine bestimmte innere Haltung beim Gebet. Eine innere Haltung, die nicht nur zerstreut Gebetsworte vor sich hin plappert, sondern wirklich Gott meint und den liebevollen, vertrauten Umgang mit Gott sucht. In diesem zweiten Sinne schreibt sie:

> *Meiner Meinung nach ist inneres Beten nichts anderes als Verweilen bei einem Freund, mit dem wir oft allein zusammenkommen, einfach um bei ihm zu sein, weil wir sicher wissen, dass er uns liebt.*[32]

Diese innere Haltung ist für sie deshalb so zentral, weil sie bei ihren Mitschwestern im Kloster oftmals das Gegenteil erlebt: ein kühles, gelangweiltes Verrichten der vorgeschriebenen Gebete. Lästige Pflichterfüllung – zum Teil sogar als Dienstleistung für Spender von außerhalb. Immer wieder delegieren Bewohner Ávilas das Beten an die Nonnen im Kloster: Für eine bestimmte Summe an Geld erwerben sie eine bestimmte Anzahl an von geistlichen Profis gesprochenen Gebeten. Gebet als religiöse Leistung.

Für Teresa hat das mit Beten im eigentlichen Sinn nichts zu tun:

> *Bedenken und verstehen, was wir da sagen, mit wem wir sprechen und wer wir sind, die wir es wagen, mit einem so hohen Herrn zu sprechen. Das zu bedenken […] das ist nachsinnendes inneres Beten.*[33]

Ob nun also freies mündliches Gebet oder das Nachbeten vorgegebener Worte oder das schweigende, kontemplative Gebet: Immer ist es wichtig, dass es von innen kommt und wirklich Gott meint. Inneres Beten heißt: sich zu Gott hinwenden und zu ihm „Du" sagen; an Gott denken und sich seine Gegenwart bewusst machen. Inneres Beten heißt: Herzensfreundschaft mit Gott.

> *Inneres Beten ist Verweilen bei einem Freund, mit dem wir oft allein zusammenkommen, einfach um bei ihm zu sein, weil wir sicher wissen, dass er uns liebt.*[34]

In der Stille versuche ich genau das: Ich wende mich an Gott wie an einen guten Freund. Ich mache mir Gottes Liebe und seine Freundschaft zu mir bewusst und dann verweile ich in dieser Freundschaft: entweder indem ich vertraut und liebevoll mit Gott rede. Oder indem ich Gottes Liebe und seiner Freundschaft zu mir schweigend nachspüre.

Schluss *(Seite 178)*

Die Seele als Ort der Gottesbegegnung

Staffel 4 – Folge 11

Beginn (Seite 176)

Über viele Jahrhunderte hinweg spielte die menschliche Seele eine zentrale Rolle in Glaube, Theologie und Kirche. Zum einen stand sie lange für das Innerste des Menschen, das von Sünde und Schuld zerbrochen und von Gott getrennt ist. In dieser Lesart sind wir „verlorene Seelen", die von Jesus her Rettung und Heilung brauchen – und tatsächlich auch bekommen, wenn wir sie zulassen, wenn wir sie im Glauben an uns geschehen lassen, die Rettung und die Heilung.

Die Seele ist in der mystischen Tradition aber zugleich ein bestimmter Ort in unserem Inneren: Sie ist das Zentrum unseres Seins und damit auch der Ort, wo Gott und ich uns begegnen. Dieses Bild von einem heiligen innersten Ort in uns, in dem Christus dauerhaft Wohnung nimmt, wenn wir uns ihm zuwenden, ist im westlich-christlichen Denken weitgehend verloren gegangen. Wir haben – wenn es gut geht – durchaus Kontakt zu unseren inneren Emotionen und Bedürfnissen; dass es da in uns aber noch einen ganz besonderen Ort gibt, ist weithin unbekannt.
Es ist aber gerade die Seele, unser Inneres, in dem Gott uns beschenken und sich uns offenbaren will. Viele von uns beschäftigen sich so sehr mit äußeren Dingen, mit Arbeit, Pflichten, Ablenkungen und oberflächlichem Vergnügen, dass sie niemals in ihr Inneres einkehren und ihre Seele pflegen.[35]

Teresa vergleicht die Seele mit einem Garten:

> *Ich muß mir mit einem Vergleich helfen. [...] Einer, der [mit dem inneren Beten] anfängt, muß sich bewusst machen, daß er beginnt, auf ganz unfruchtbarem Boden, der von ganz schlimmem Unkraut durchwuchert ist, einen Garten anzulegen, an dem sich der Herr erfreuen soll. Seine Majestät reißt das Unkraut heraus und muss dafür die guten Pflanzen einsetzen. Stellen wir uns nun vor, daß dies bereits geschehen ist, wenn sich ein Mensch zum inneren Beten entschließt und schon begonnen hat, es zu halten. Mit Gottes Hilfe haben wir als gute Gärtner nun dafür zu sorgen, daß diese Pflanzen wachsen, und uns darum zu kümmern, sie zu gießen, damit sie nicht eingehen, sondern so weit kommen, um Blüten hervorzubringen, die herrlich duften, um diesem unseren Herrn Erholung zu schenken, und er folglich oftmals komme [...].*[36]

Kann ich mit der Seele als einem in mir gelegenen Ort, an dem Gott wohnt und mir begegnen will, etwas anfangen? In der Stille versuche ich zu spüren, wo und wie „Christus in mir" anwesend ist.

Schluss *(Seite 178)*

Stille

Staffel 4 – Folge 12

Beginn (Seite 176)

Wer – wie Teresa und andere Mystiker – den Weg des inneren Betens gehen möchte, beginnt am besten mit Stille.

> *Nun also, fürs Erste wisst ihr schon, dass Seine Majestät lehrt, dass es in der [Stille der] Einsamkeit geschehen soll [...]. Was wir tun können, ist, uns zu bemühen, allein zu sein, [...] damit wir verstehen, mit wem wir da zusammen sind.*[37]

Warum ist Stille so kraftvoll und so zentral?

Sicher zum einen einfach, damit wir uns sammeln und vorbereiten können auf das, was kommt. Egal ob ein Pianist vor dem Konzert oder ein Schwimmer vor dem Wettkampf: Am Anfang stehen einige Momente der Ruhe und der Konzentration.

Stille ist aber vor allem deshalb so kraftvoll und so zentral, weil Gott in ihr wohnt. Hier mal beispielhaft Worte aus dem Alten Testament, dem 1. Buch Könige:

> *Da sprach der HERR zu Elia: „Geh hinaus und stell dich auf den Berg vor den HERRN, denn der HERR wird vorübergehen." Zuerst kam ein heftiger Sturm, der die Berge teilte und die Felsen zerschlug, vor dem HERRN her. Doch der HERR war nicht im Sturm. Nach dem Sturm bebte die Erde, doch der HERR war nicht im Erdbeben. Und nach dem Erdbeben kam ein Feuer, doch der HERR war nicht im Feuer. Und nach dem Feuer ertönte ein leises Säuseln. Als Elia es hörte, zog er seinen Mantel vors Gesicht, ging nach draußen und stellte sich in den Eingang der Höhle.*
> (1. Könige 19,11-13)

Schon im jüdischen Tempel in Jerusalem im alten Israel war das Allerheiligste, der eigentliche Wohnort Gottes, ein vergleichsweise kleiner Raum voll der Ruhe und des Schweigens. Noch heute gelten Kirchen und Klöster als Orte der Stille: dort, in den heiligen Räumen, ehrt man den still gegenwärtigen Gott mit Schweigen. Schweigend begegnen sich Gott und Mensch, schweigend berühren sich ihre Herzen.

Gottes Gegenwart wohnt ganz oft eben nicht im Sturm, nicht im Feuer, nicht im Erdbeben, sondern in der Stille. Gott wohnt in der Stille. Meister Eckhart, der große deutsche Mystiker, meinte, dass es nichts gebe, dass so stark Gott gleiche wie die Stille.

Wenn wir Gott begegnen wollen, müssen wir also still werden. Dort, in der Stille, kann es dann geschehen, dass Gott uns in der Stille ganz und gar erfasst. Dass wir für einige Augenblicke voll und ganz aufgehoben und geborgen sind in der Stille Gottes.

Ich werde innerlich still, tue und denke einfach mal nichts. Wenn die Gedanken irgendwann mit mir davonlaufen, lasse ich sie freundlich ziehen und kehre wieder in das innere Schweigen zurück.

Schluss *(Seite 178)*

Online findest du weitere Folgen aus
Staffel 4 – Teresa erzählt

Morgens
Seite 220

Mittags
Seite 226

Abends
Seite 230

• • •

fünf

Tagzeitengebete

Morgens

Jeden Morgen ereignet sich im Kleinen Ostern, leuchtet der Ostermorgen in unser Leben hinein. Jeden Morgen drängt Gott aufs Neue alle Kälte und Dunkelheit zurück, wälzt den Stein vom finsteren Grab und erschafft uns neue Zukunft.

Zu Beginn meines Betens lasse ich es ruhig werden in mir.

Ich atme langsam und bewusst
und sammle meine Gedanken.

Herr, du bist hier. Jetzt. Und schaust mich liebevoll an.

> Das Reich der Schatten weicht zurück,
> das Tageslicht nimmt seinen Lauf,
> und strahlend, gleich dem Morgenstern,
> weckt Christus uns vom Schlafe auf.
> Du, Christus, bist der helle Tag,
> das Licht, dem unser Licht entspringt,
> Gott, der mit seiner Allmacht Kraft,
> die tote Welt zum Leben bringt.
> Erlöser, der ins Licht uns führt und aller Finsternis entreißt,
> dich preisen wir im Morgenlied mit Gott dem
> Vater und dem Geist.
> (Hymnus aus dem 6.-7. Jh.)

Ich beginne den heutigen Tag im Hören auf Gottes Wort:

> *Am Sonntagmorgen in aller Frühe gingen Maria Magdalena und die andere Maria hinaus zum Grab. Plötzlich gab es ein starkes Erdbeben, weil ein Engel des Herrn vom Himmel herabkam, den Stein beiseiterollte und sich darauf niederließ. Sein Gesicht leuchtete wie ein Blitz, und sein Gewand war weiß wie Schnee. [...] Der Engel sprach die Frauen an. „Habt keine Angst!", sagte er. „Ich weiß, ihr sucht Jesus, der gekreuzigt wurde. Er ist nicht hier! Er ist von den Toten auferstanden, wie er gesagt hat. Kommt und seht, wo sein Leichnam gelegen hat. Und nun geht und sagt seinen Jüngern, dass er von den Toten auferstanden ist [...]."*
> *Die Frauen liefen schnell vom Grab fort. Sie waren zu Tode erschrocken und doch zugleich außer sich vor Freude. So schnell sie konnten, liefen sie zu den Jüngern, um ihnen auszurichten, was der Engel gesagt hatte. Unterwegs begegneten sie Jesus. „Seid gegrüßt!", sagte er. Und sie liefen zu ihm hin, umklammerten seine Füße und beteten ihn an. Jesus sagte zu ihnen: „Habt keine Angst!"*
> (aus Matthäus 28)

Herr Jesus Christus!
Am Morgen dieses anbrechenden Tages komme ich zu dir.
Gemeinsam mit dir schaue ich auf das,
was heute auf mich zukommt,
und sage dir, worum ich dich konkret bitte.

Ich bete für ein oder zwei Menschen, die mein Gebet heute besonders brauchen.

Christus, als ein Licht, erleuchte und leite mich!
Christus, sei über mir!
Christus, sei neben mir!
Christus, sei in mir!
Du in mir und ich in dir!
Christus, als ein Licht, erleuchte und leite mich!
Heute und an allen Tagen!

Ehre sei dir, Vater,
dir, Sohn, und dir, Heiliger Geist,
wie es war im Anfang, so auch jetzt
und dann allezeit, in Ewigkeit.
Amen.

Mittags

Auf der Höhe des Tages unterbrechen wir uns und legen zur Seite, was uns beschäftigt. Wir halten inne und wenden uns Gott zu.

Zu Beginn meines Betens lasse ich es ruhig werden in mir.

Ich atme langsam und bewusst
und sammle meine Gedanken.

Du, Herr, bist hier. Jetzt. In diesem Moment.
In diesem Raum. Und in meinem Herzen.
Du, Herr, bist nah. Näher als mein Atem und mein Herzschlag.
Näher, als ich mir selbst bin.
Du, Herr, bist Wirklichkeit. Realer als alle Anforderungen,
Erwartungen oder Misserfolge.
Realer als alles, was mir Angst macht oder Sorge.
Du, Herr, bist hier. Jetzt. In diesem Moment.
Und schaust mich liebevoll an.

Ich nehme mir die Zeit und bete für eine Person, die mir heute schon begegnet ist.

Als Wegzehrung für den weiteren Tag höre ich auf Worte aus dem Buch Josua:

> *Nachdem Mose, der Diener des HERRN, gestorben war, sprach der HERR mit Josua. Dieser war ein Mitarbeiter von Mose und ein Sohn Nuns. „Mein Diener Mose ist jetzt tot. Geh nun zusammen mit meinem Volk über den Jordan in das Land, das ich den Israeliten gebe. Ich sage dir zu, was ich schon Mose versprochen habe: […] Ich will bei dir sein, wie ich bei Mose war. Ich werde dich nie verlassen und dich nicht aufgeben. […] Sei stark und mutig. Gehorche gewissenhaft den Gesetzen, die dir mein Diener Mose gab. Weiche nicht von ihnen ab, damit du Erfolg hast, wohin du auch gehst. Die Worte des Gesetzes sollen immer in deinem Mund sein. Denke Tag und Nacht über das Gesetz nach, damit du allem, was darin geschrieben steht, Folge leisten kannst, denn nur dann wirst du erfolgreich sein. Ich sage dir: Sei stark und mutig! Hab keine Angst und verzweifle nicht. Denn ich, der HERR, dein Gott, bin bei dir, wohin du auch gehst."*
> (aus Josua 1)

Zu dir, Herr, erhebe ich meinen Blick, auf dich setze ich meine Hoffnung. Führe fort, was ich begonnen habe, umfange, was misslungen ist, und lass mein Tagwerk gelingen – den Menschen zum Segen und dir zur Ehre!

Auf der Höhe des Tages lobe ich dich, Schöpfer meines Lebens und dieser Erde. Ich preise dich! Und ich danke dir!

Abends

Wenn es nun Abend wird und das Licht des Tages sich entfernt, um mir die Wohltat des Lassens und des Ruhens anzubieten, dann nehme ich mir diese kleine Achtsamkeit für Gottes Freundlichkeit um mich.
Ich atme die Unruhe meiner Seele aus und schicke meine Sorgen und alles, was mir Angst macht, ihm entgegen, meinem liebenden Vater. Seine Liebe streicht mir die Schatten aus der Seele und besänftigt meine Wünsche, die mich verrückt machen.

Ich atme seine Treue ein und fülle mich Atemzug um Atemzug mit der heilenden Kraft des Sohnes Gottes, bis meine Seele Frieden gefunden hat.

Ich nehme eine Position ein, die mir guttut. Ich achte darauf, dass mein Körper sich entspannen darf, und lasse es ruhig werden in mir. Ich atme tief ein und bitte Gott, dass er mich seine Gegenwart spüren lässt. Er ist da. Hier und jetzt.

Ich bitte Gott, nun gemeinsam mit mir den hinter mir liegenden Tag zu betrachten – und mich dabei mit seiner Liebe und Barmherzigkeit zu leiten. Heute schaue ich auf das, was auf mir lastet. Was belastet mich heute Abend? Ich nehme meine Lasten wahr, bringe sie zu Christus und lege sie dort ab – indem ich vertraue. Ich entscheide mich für das Vertrauen, dass Gott auch hierfür eine Lösung finden und alles zu einem guten Ende für mich führen wird.

Der HERR ist mein Hirte, ich habe alles, was ich brauche.
Er lässt mich in grünen Tälern ausruhen,
er führt mich zum frischen Wasser.
Er gibt mir Kraft.
Er zeigt mir den richtigen Weg um seines Namens willen.
Auch wenn ich durch das dunkle Tal des Todes gehe,
fürchte ich mich nicht, denn du bist an meiner Seite.
Dein Stecken und Stab schützen und trösten mich.
Du deckst mir einen Tisch vor den Augen meiner Feinde.
Du nimmst mich als Gast auf und salbst mein Haupt mit Öl.
Du überschüttest mich mit Segen.
Deine Güte und Gnade begleiten mich alle Tage meines Lebens, und ich werde für immer im Hause des HERRN wohnen.
(Psalm 23)

Und nicht nur mein Hirte ist er, unser guter Herr. So lege ich Gott in der Fürbitte noch einige Menschen besonders an sein Hirten-Herz.

Ich gehe in diese Nacht mit einem Abendgebet des alten Kirchenvaters Augustinus:

Dein ist das Licht des Tages, Herr, dein ist das Dunkel der Nacht.
Leben und Tod sind in deiner Hand.
Dein sind wir und beten dich an.
Herr, du hast uns geschaffen und unser Herz ist unruhig,
bis es Ruhe findet in dir.
Lass uns ruhen in deinem Frieden und erwachen am Morgen,
um dich zu rühmen. Amen.

Eine ruhige Nacht und ein gutes Ende gewähre uns der allmächtige Herr, der Vater, der Sohn und der Heilige Geist. – Amen.

Literaturverzeichnis

1 Quelle unbekannt.

2 Vgl. Frank Laubach, Prayer. The mightiest force in the world, Burtyrki Books, 2020, S. 50ff.

3 Vgl. Pete Greig, Kraftvoll beten, Lüdenscheid 2020. S. 61f.

4 C. S. Lewis, Das Gespräch mit Gott. Beten mit den Psalmen, Brunnen Verlag, Gießen, 4. Aufl. 2021, S. 101, www.brunnen-verlag.de.

5 Ebd. S. 102f.

6 Vgl. Dave Bookless, Und mittendrin leben wir. Gott, die Ökologie und Du, Basel 2025, S. 11.

7 Vgl. Timothy Keller, Ein Jahr mit den Psalmen, Gießen 2028, S. 7.

8 Vgl. Robert Spaemann, Meditationen eines Christen. Über die Psalmen 1-51, Stuttgart 2014, S. 39.

9 C. S. Lewis, Das Gespräch mit Gott. Beten mit den Psalmen, Brunnen Verlag, Gießen, 4. Aufl. 2021, S. 85, www.brunnen-verlag.de.

10 Ebd. S. 50.

11 Teresa von Ávila, Das Buch meines Lebens, Freiburg 2013, 7. Auflage, S. 83-85.

12 Ebd., S. 92.

13 Ebd., S. 96.

14 Ebd., S. 102f.

15 Ebd., S. 103.

16 Ebd., S. 114.

17 Ebd., S. 119.

18 Ebd., S. 120.

19 Ebd., S. 124f.

[20] Ebd., S. 137f.

[21] Ebd., S. 133f.

[22] Ebd., S. 165.

[23] Zitiert aus Erika Lorenz, Der nahe Gott, Freiburg 1985, S. 80.

[24] Teresa von Ávila, Das Buch meines Lebens, Freiburg 2013, 7. Auflage, S. 156f.

[25] Ebd., S. 258f.

[26] Ebd., S. 158.

[27] Ebd., S. 133f.

[28] Ebd., S. 145.

[29] Ebd., S. 147f. + 153f.

[30] Ebd., S. 147f.

[31] Ebd., S. 163f.

[32] Ebd., S. 156f.

[33] Teresa von Ávila, Weg der Vollkommenheit, Freiburg 2010, 4. Auflage, S. 223.

[34] Teresa von Ávila, Das Buch meines Lebens, Freiburg 2013, 7. Auflage, S. 156f.

[35] Vgl. Peter Dyckhoff, Aus der Quelle schöpfen, Kevelaer 2016, 2. Auflage, S. 10f.

[36] Teresa von Ávila, Das Buch meines Lebens, Freiburg 2013, 7. Auflage, S. 184f.

[37] Teresa von Ávila, Weg der Vollkommenheit, Freiburg 2010, 4. Auflage, S. 221.

Bilderverzeichnis

Alle Fotos auf Unsplash von folgenden Fotografen:

Kapitel 1

S. 14 • S. 18: Sindy Süßengut
S. 14 • S. 21: Luís Feliciano
S. 14 • S. 24: Letizia Agosta
S. 14 • S. 28: Mathias Reding
S. 14 • S. 32: uriel
S. 14 • S. 36: VD Photography
S. 15 • S. 39: Davies Designs Studio
S. 15 • S. 42: Roma KaiukUA
S. 15 • S. 46: Caner Sanli
S. 15 • S. 50: Allec Gomes

Kapitel 2

S. 56 • S. 61: John Cameron
S. 56 • S. 65: Taylor Heery
S. 56 • S. 68: Akira Hojo
S. 56 • S. 71: Maite Oñate
S. 56 • S. 74: Konrad Pawłowski
S. 56 • S. 78: Andrés Gómez
S. 56 • S. 81: Hrant Khachatryan
S. 56 • S. 85: Anna Kaminova
S. 57 • S. 88: Giulia Squillace
S. 57 • S. 92: sydney Rae
S. 57 • S. 95: Nina Hill
S. 57 • S. 98: Milada Vigerova
S. 57 • S. 102: Dmitry Osipenko
S. 57 • S. 106: Adam Neumann

Kapitel 3

S. 114 • S. 118: Maite Oñate
S. 114 • S. 121: Davies Designs Studio
S. 114 • S. 123: Andrej Lišakov
S. 114 • S. 128: Manuel Sardo
S. 114 • S. 131: Roma Kaiuk
S. 114 • S. 135: Trude Jonsson Stangel
S. 114 • S. 139: Ramiro Pianarosa
S. 114 • S. 143: Vojtech Bartonicek
S. 115 • S. 147: Taylor Deas-Melesh
S. 115 • S. 151: Trude Jonsson Stangel
S. 115 • S. 155: CHUTTERSNAP
S. 115 • S. 159: sydney Rae
S. 115 • S. 163: Jonathan Borba
S. 115 • S. 167: Mathias Reding

Kapitel 4

S. 174 • S. 179: Alexander Possingham
S. 174 • S. 182: Jelena Ardila Vetrovec
S. 174 • S. 185: Elisa Stone
S. 174 • S. 189: Krista Mangulsone
S. 174 • S. 192: Nicola Pavan
S. 174 • S. 196: Ave Calvar
S. 175 • S. 199: Waldemar
S. 175 • S. 202: Sindy Süßengut
S. 175 • S. 205: Deleece Cook
S. 175 • S. 208: Євгенія Височина
S. 175 • S. 211: Annie Spratt
S. 175 • S. 214: Jan-Willem